いちばん
わかりやすい

ゴルフ入門

PGAティーチングプロ

西尾和也 監修

JN029306

成美堂出版

ゴルフの基本をすべて網羅！ この一冊で

知識を学ぶ

Part 1
ゴルフの基礎知識

「ゴルフと健康の関係」から「スコアカードの書き方」や「道具・クラブの選び方」まで、ここではゴルフクラブを握る前に知っておきたい基礎知識を解説しています。

スイングを学ぶ

Part 2
スイングの基本

ゴルフビギナーは、まず「打ちっぱなし」で練習します。ここでは練習時に意識すべき「スイングの基本」について細かく解説しています。

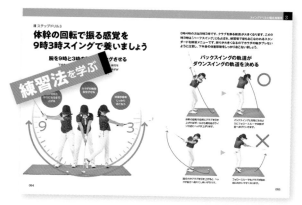

練習法を学ぶ

Part 3
スイングドリルと弱点克服法

Part2 で学んだスイングの基本を頭だけではなくカラダで覚えるために、ここではゼロからはじめられる練習法やドリルを紹介しています。「知る＝できる」ではないことを理解して、一歩ずつステップアップしていきましょう。

ラウンドの**予習復習**ができる！

実践術を学ぶ

Part 4
状況別スイング

いよいよ実践編です。打ちっぱなしは平坦ですが、実際のコースは傾斜ばかりです。またボールが沈むほどの深い芝やバンカーもありますので、ここでラウンド中の対処法を身につけましょう。

マナーを学ぶ

Part 5
基本のゴルフマナー

ゴルフコースやクラブハウスでは守るべきルールがあります。ここではクラブハウスでの立ち振る舞いや、ラウンド中のマナーについて解説しています。

家トレを学ぶ

Part 6
ゴルファーの
カラダづくり

スイングで最も大切な「体重移動」や「壁」が身につく自宅でできるドリルを紹介しています。またスイングのベースとなるフィジカル強化ドリルも併せて紹介しています。

CONTENTS

Part 3
スイングドリルと弱点克服法
…
079

※本書は原則として2022年12月現在の情報に基づいて編集しています。

覚えておきたい ゴルフ用語

【ア行】

アゴ……………………… バンカーの縁。

アドレス ………………… ボールを打つためにかまえること。

打ち上げ………………… ボールが目標地点より低い状態（←→打ち下ろし）。

打ち下ろし ……………… ボールが目標地点より高い状態（←→打ち上げ）。

【カ〜タ行】

カラー …………………… グリーンとフェアウェイの境目。一般的にカラーの芝はグリーンより長く、フェアウェイより短い。

キャリー ………………… 打った地点からボールが落ちた地点までの距離。着地後に転がった距離は「ラン」とよぶ。

クラブレングス ………… クラブの長さ。「2クラブレングス」ではクラブ2本分になる。救済措置でボールをドロップする際などで使用する言葉。

グリーンフォーク ……… グリーン上のボール跡を修復するための道具。

暫定球…………………… OBやロストの可能性がある場合に、プレーファストのために打つボール。

スライス ………………… 飛球が大きく右に曲がるミスショット（右利きの場合）。

ディボット ……………… 打ったときに削り取られた芝のこと。そこにできた穴を「ディボット跡」とよぶ。

ドロー …………………… 意図的に飛球を左に曲げるショット（右利きの場合）。

【ハ行】

罰打……………………… ペナルティー。一般的に1打加算を「1ペナ」、2打加算を「2ペナ」と表現する。

番手……………………… ゴルフクラブの番号。番号が小さいほど距離が出るがボールは上がりづらくなる。「番手が上がる」とは、番号は小さくなること。

ハーフ …………………… 1ラウンド18ホールの半分、9ホールのことを指す。

飛球線…………………… ボールが飛んでいく軌道や方向。

フェード ………………… 意図的に飛球を右に曲げるショット（右利きの場合）。

フック …………………… 飛球が大きく左に曲がるミスショット（右利きの場合）。

【ラ行】

ライ……………………… ボールがある場所の状態。打ちやすいかどうかで「ライがよい」「ライが悪い」と表現する。

ラン……………………… ボールが落下後に転がること。またはその距離。

※ゴルフコース内の各エリア名称は P.015、クラブヘッド周囲の名称はP.023で解説しています。

Part 1

ゴルフの基礎知識

ゴルフをはじめる前に、ゴルフとはどんなスポーツなのかを知っておきましょう。ここではゴルフのマナーやスコアカードの書き方、道具を揃えるときのポイントなどについて解説します。

ゴルフはほかのプレーヤーと スコアを競うスポーツです

ゴルフはティーイングエリアから打ち出したボールをグリーン上にあるカップに、より少ない打数で入れることを競うスポーツです。その歴史は古く、起源については諸説ありますが、現在の形に発展したのは15世紀頃のスコットランドにおいてといわれています。

10.8cmの
穴に
入れる！

1打目は
ティーイング
エリアから打つ

ティーイングエリアからカップへ入れるまでの打数を競います。勝敗の決め方はシンプルですが、一流の選手でさえプレッシャーからミスショットをするほどゴルフには精神力が求められるため、ときには驚くような大逆転劇が起こります。

ティーイングエリアの区分け

ティーマーカー	名称	距離
赤色	レディースティー	短い
白色	レギュラーティー	標準
青色	バックティー	長い
黒色	フルバックティー	最長

1打目を打つティーイングエリアは性別や技量によって主に4つにわけられており、色の違うティーマークが設置されています。飛距離が出ない人やシニアはより手前から打ち、飛距離の出る人やプロはより後ろから打つことになります。

ゴルフのゲーム形式

マッチプレー

● 対戦相手 ➡ 1人
● 勝 敗 ➡ 1ホールごとに決める

1ホールごとに勝敗が決まるため、大きなミスをしても、次ホール以降で挽回のチャンスがあります。

ストロークプレー

● 対戦相手 ➡ すべてのプレーヤー
● 勝 敗 ➡ トータル打数で決める

18ホールのトータル打数で決まるので、ミスの少ない堅実なプレーが求められます。

勝敗の決め方は大きく2つにわけられます。1つは1ホールごとに勝敗を決める「マッチプレー」です。これは1対1で競うようなときに採用される形式です。もう1つは18ホールのトータルの打数で勝敗を決める「ストロークプレー」です。これは大人数で競うときに採用される形式です。

スコアの数え方

各ホールでは規定打数が3〜5打の範囲で決められており、その打数でカップに入れることを「パー」とよびます。一般的に18ホールをすべてパーで回ると合計打数は72になります。

規定打数より少ない場合
−1 ➡ バーディー
−2 ➡ イーグル
−3 ➡ アルバトロス

マイナス ← 規定打数 パー → プラス

規定打数より多い場合
+1 ➡ ボギー
+2 ➡ ダブルボギー
+3 ➡ トリプルボギー

1打でカップに入れる ➡ ホールインワン

■ ゴルフと健康

ゴルフ場はとても広く
歩いて回ると約10km！

ゴルフ場で18ホール回ることを「1ラウンド」とよびます。そして1ラウンドの平均総距離は約6,200ヤードでおよそ5.7kmです。この距離を右へ行ったり左へ行ったりしながら進むため、歩いて回ると総距離は約10kmにもなるといわれています。

ゴルフ場の早朝の空気はとても澄んでいる感じがして思わず
深呼吸したくなります。また、きれいな芝生の上を歩くのはと
ても気持ちがよいものです。プレー以外にも、自然を感じる
ことができるのはゴルフの魅力のひとつでしょう。

200スイングしたら
おにぎり1個分

スイング動作の消費カロリーは、クラブが長くなるほど高くなりますが、概ね1スイングで1.1kcal程度といわれています。練習場で200スイングしたら220kcalほど消費できる計算です。これはおにぎり1個分ほどのカロリー消費になります。

200
スイング ＝ 220 kcal

おにぎり1個分の
カロリー消費

1ラウンドを歩けば700〜800kcal消費！

一般的に1ラウンド平均歩数は14,000〜15,000歩といわれています。これは500kcal相当の運動量であり、さらにスイング動作や坂道などを考慮すると、1ラウンドは700〜800kcal相当の運動ということになります。

1ラウンド (18ホール) 歩くと
14,000〜15,000歩
＋
**スイングや
坂道の上り下り**

＝ **700〜800** kcal
相当の運動

ゴルフカートを使えば
移動の負担が抑えられる

足腰に不安がある人はカートを積極的に利用しましょう。歩くことに疲れてスイングする体力がなくなっては本末転倒です。カートからボールまでの距離を歩き、スイング動作をするだけでも立派な有酸素運動になります。

ゴルフコースには必ず攻略法と仕掛けがあります

すべてのゴルフコースには必ず設計者がいます。彼らはフェアウェイの形やバンカーの位置、グリーンの傾斜などから攻略法と仕掛けを施しています。ゴルファーはその設計者の意図を汲みながらラウンドするのも楽しみのひとつになります。

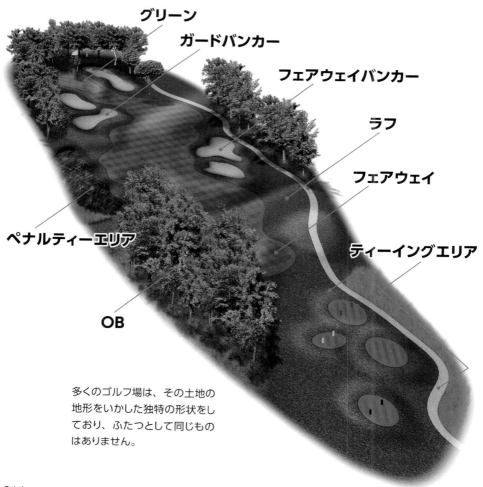

グリーン

ガードバンカー

フェアウェイバンカー

ラフ

フェアウェイ

ペナルティーエリア

ティーイングエリア

OB

多くのゴルフ場は、その土地の地形をいかした独特の形状をしており、ふたつとして同じものはありません。

ゴルフコース内の各エリア名称

ティーイングエリア

各ホールの 1 打目を打つエリアを指します。ゴルファーのレベルによって主に 4 つのエリアに区別けされています (P.011)。

フェアウェイ

打ちやすくするため、芝を短く刈り込んでいる場所を指します。ゴルファーはここをキープしながらグリーンを目指すことになります。

ラフ

フェアウェイの外側にあります。芝の長さがランダムで整備されていないところもあり、打つのが難しくなります。

フェアウェイバンカー

ミドル・ロングホールの 2 打目付近に配置されているバンカーを指します。アゴ (バンカーの縁) が低く脱出はさほど難しくありません。

ガードバンカー

グリーンを狙うショットに対して、少しずれると入ってしまうような場所に配置されているバンカーを指します。高いアゴが特徴です。

ペナルティーエリア

池や小川、崖や岩場などボールを打つのが困難なエリアを指します。無罰で打つこともできますが、1 罰打で救済を受けられます。

グリーン

正式にはパッティンググリーンとよびます。フェアウェイよりも芝が密生しており、短く整えられているのが特徴です。

OB

アウト オブ バウンズ
「Out of Bounds」を略して OB とよびます。プレーができる区域外を意味します。この区域にボールが飛ぶと罰打があります。

皆が気持ちよくラウンドできるように心がけましょう

初ラウンドのスコアは誰もがイマイチなものになりがちですが、マナーに関しては合格点という人はたくさんいます。周囲の人への配慮や自然への感謝など、普段から良識に基づいた行動ができている人にとっては、とくに難しいことはありません。

ゴルファーの心得 1
ショット前後のひと声を忘れない

その日最初のティーショットは、同伴者へ「よろしくお願いします」とひと声かけてからはじめます。また同伴者のティーショットがフェアウェイに乗ったら「ナイスショット!」、となりのホールに行きそうなときや前の組に打ち込んでしまったときは、「フォアー!」と声をかけます。

ゴルファーの心得 2
ほかのプレーヤーに迷惑をかけない

同伴者のスイング中におしゃべりをするなど、ほかのプレーヤーに迷惑をかけるような立ち振る舞いはいけません。皆が気持ちよくプレーできる環境を皆でつくることが大切です。

コースが傷ついたら必ず自ら修復する

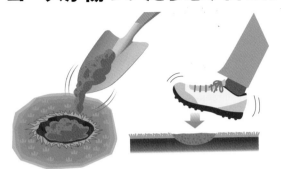

ダフって芝がはがれたり、ボールがグリーン上でバウンドしたときに芝を傷つけてしまうことがあります。このようなときは自らの手で修復作業をし、芝の回復を手助けしてあげます。

誰も見ていなくても正直にプレー

ゴルフには審判がいません。ティーイングエリア以外では、近くにほかのプレーヤーがいないこともあります。それでもそこで起こったことは、正直にスコアに反映させなければいけません。

規則に従って正しくプレーする

杭の根元にボールが止まったり、ボールが落ち葉で隠れたり、ラウンドしていると必ず予期せぬことが起こりますが、そのすべてに対処法があるので、規則に従い正しくプレーしましょう。

1ホール終了ごとに
スコアカードに記入します

ゴルフでは自分のスコアを1ホールごとにカードに記入します。また、通常は同時に同伴者のスコアも記入し、コンペでは最後にカードを提出します。ただし仲間内で回るときは、カードを提出しないので他人のスコアを記入しない場合もあります。

一般的なスコアカード

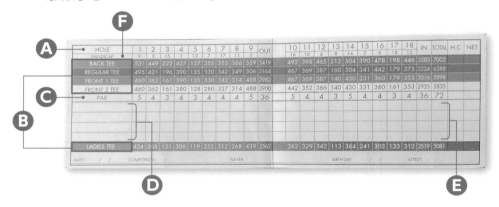

HOLE	1	2	3	4	5	6	7	8	9	OUT	10	11	12	13	14	15	16	17	18	IN	TOTAL	H.C	NET
HANDICAP	9	3	15	1	13	7	17	11	5		16	10	4	18	2	6	18	12					
BACK TEE	531	449	222	427	157	355	353	366	559	3419	492	398	465	212	504	390	478	198	446	3583	7002		
REGULAR TEE	495	421	196	390	135	330	342	349	506	3164	467	369	387	160	504	341	442	179	375	3224	6388		
FRONT 1 TEE	460	362	161	390	135	330	342	349	488	2982	467	387	140	430	331	360	179	353	3016	5998			
FRONT 2 TEE	460	362	161	380	128	280	327	314	488	2900	442	352	366	140	430	331	360	161	353	2935	5835		
PAR	5	4	3	4	3	4	4	4	5	36	5	4	4	3	5	4	4	3	4	36	72		
LADIES TEE	424	308	131	306	119	255	312	268	439	2562	362	329	342	113	384	241	303	133	312	2519	5081		

DATE: / / 　COMPETITION:　　　　　　PLAYER:　　　　　　　　　　　BIRTH DAY / / 　ATTEST:

Ⓐ ホール番号

1～9ホールはクラブハウスから離れるように移動するため、「Going OUT= 外出する」から「OUT」とよび、10～18ホールはクラブハウスに戻ってくるように移動するため「Coming IN= 入る」から「IN」とよびます。

Ⓑ ティーイングエリアの区分け

レベルに応じて区分けされたティーイングエリアごとのヤード数が表記されています。

Ⓒ 規定打数

1ホールの規定打数が表記されています。

Ⓓ 名前記入欄

自分の名前を先頭に記入し、以下同伴者の名前も記入します。

Ⓔ スコア記入欄

自分と同伴者の1ホールごとのスコアを記入します。

Ⓕ ハンディキャップ数値

マッチプレーでレベル差を埋めるために設定された数値。数が低いほどホール難易度が上がります。

スコアカードの記載方法

HOLE	1	2	3	4	5
HANDICAP	9	3	15	1	13
BACK TEE	531	449	222	427	157
REGULAR TEE	495	421	196	390	135
FRONT 1 TEE	460	362	161	390	135
FRONT 2 TEE	460	362	161	380	128
PAR	5	4	3	4	3
自分の名前					
同伴者A					
同伴者B					

プレー前に書くこと

- 自分の名前
- 同伴者の名前

自分の名前を先頭に記入します。接待ゴルフだからといって、取引先の方の名前から書くのは NG です。誰のカードなのかを明確にするため、自身の名前をまず記入します。それ以降の名前の記載順にルールはありません。

HANDICAP	9	3	15	1	13	7
BACK TEE	531	449	222	427	157	355
REGULAR TEE	495	421	196	390	135	330
FRONT 1 TEE	460	362		390	135	330
FRONT 2 TEE	460	362		128		280
PAR	5	4	3	4	3	4
自分の名前	6/2	5/2	3/1	6/3	4/2	
同伴者A	5	4	3	5	4	
同伴者B	5	4	3	5	4	
LADIES TEE	424	308	131	306	119	255

パット数は／を引いて小さく空いているところに記入

プレー中に書くこと

- 自分と同伴者の打数
- 自分のパット数（任意）

皆が揃ったカート移動中などに、自分と同伴者の打数を記入します。各自が皆に聞こえるように申告し、やりとりは一度で済ませるようにしましょう。また自分のパット数を記入しておくことで、後々プレーを省みる材料になります。

4	5	6	7	8	9	OUT		10	11
1	13	7	17	11	5			16	10
427	157	355	353	366	559	3419		492	398
390	135	330	342	349	506	3164		467	369
390	135	330	342	314	488	2982		467	369
380	128	280	327	314	488	2900		442	352
4	3	4	4	4	5	36		5	4
6/3	4/2	5/2	3/1	5/2	6/2	43			
3	4	4	3	3	4	33			
5	4	5	3	4	5	38			

プレー後に書くこと

- OUT と IN の合計打数

ハーフ終了時に OUT の合計打数を記入します。ただし、混雑時などは IN から回ることもあるので、その場合は記載ミスがないようにしましょう。

■ ゴルフの道具

最低限これだけあれば
コースに出られます!

ゴルフをはじめるときに悩むのが道具選びです。ゴルフクラブは最初からすべてのクラブを揃える必要はなく、用途を考慮して5本程度あればコースに出られるでしょう。またゴルフクラブ以外にも必ず使うものがありますのでチェックしておきましょう。

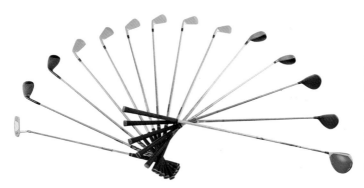

ゴルフクラブ

ルール上は14本まで持てますが、ビギナーは下の5本があればラウンドできます。中古で1本ずつ揃えるのもよいですし、新品のビギナーセットであればキャディバッグつきでクラブも8本前後入っています。

▶ **新品：¥70,000前後**
（キャディバッグ込みのセット価格）

▶ **中古：¥5,000前後**
（1本あたり）

はじめてのラウンドで最低限必要な5本

- ドライバー or 5番ウッド
- 7番アイアン
- ピッチングウェッジ
- サンドウェッジ
- パター

キャディバッグ

ゴルフクラブを入れるバッグです。自立式とスタンド式があります。後者の方が軽量です。価格は素材などにより幅があります。

▶ **新品：¥15,000〜**

▶ **中古：¥5,000〜**

グローブ

左手のみグローブをする
のが一般的です。汗や雨
で濡れたりするとすぐにグ
リップ力が落ちるので、複
数用意しておきましょう。

¥2,000前後

ゴルフ キャップ

ゴルフ場ではキャップか
サンバイザーをするの
がマナーです。ウェアと
一緒にコーディネートを
楽しみましょう。

¥3,000〜

ゴルフウェア

ゴルフ専用でなくても、速乾性
と動きやすさがあれば問題あり
ませんが、襟がついているな
どのドレスコードは守りましょう
（詳細はP.143）。

シャツ：¥3,000〜

パンツ：¥5,000〜

ボール：¥1,000〜

ティーペッグ：¥300〜

グリーンフォーク：¥500〜

マーカー：¥300〜

ボール・ティーペッグ・
グリーンフォーク・マーカー

ボールは性能によって価格に幅があります。ティーペッグ
（通常、ティーとよぶ）はロングとショートを用意します。グ
リーンを修復するためにフォークも必要です。マーカーは
ゴルフ場にもありますが、各自で用意してもよいでしょう。

ゴルフシューズ

ソフトスパイクとスパイクレスの2タイプ
あります。また紐の締め方も通常のタ
イプとダイヤルで締めるタイプがあるの
で、好みで決めるとよいでしょう。

¥10,000〜

ソフトスパイク
＋ダイヤル式

スパイクレス
＋紐タイプ

※金額は目安で、メーカーや販売店により異なります。

ゴルフクラブ各部位の名称と役割を確認しましょう

ゴルフクラブの各部位には名称があります。これらの単語はゴルフの会話でよく出てくるものなので覚えておいて損はないでしょう。またシャフトの硬さやロフト角は、クラブを選ぶときの指標のひとつにもなります。

クラブのパーツ名称

グリップ

クラブを握る滑り止め部分。太さや素材の違いによって握る感覚が異なります。付け替えもできるので、中古で消耗している場合は新品に交換するとよいでしょう。

シャフト

クラブの棒状部分。素材はスチールとカーボンがあります。シャフトの硬さはいくつかあり、一般的にスイングスピードが速い人ほど硬いシャフトを使います。中古の場合、深い傷やサビがあるのものは避けましょう。

ヘッド

クラブの先端部分。番手が上がりシャフトが長くなるほどヘッドは軽くなります。素材にはウッド系がチタンやステンレス、カーボン。アイアンには軟鉄やステンレスが使われています。

ヘッドスピード (m/s)

フレックス値（軟らかい⇔硬い）		30	35	40	45	50	
	L（レディース）	一般女性向き					
	A（アベレージ）		力のある女性向き				
	R（レギュラー）			一般男性向き			
	SR（スティッフレギュラー）				やや力のある男性向き		
	S（スティッフ）	力のある男性向き					
	X（エキストラ）			パワーヒッター			

シャフトの硬さを示す表記は6つありますが、基準は各メーカーによって異なります。

ヘッド周囲の名称

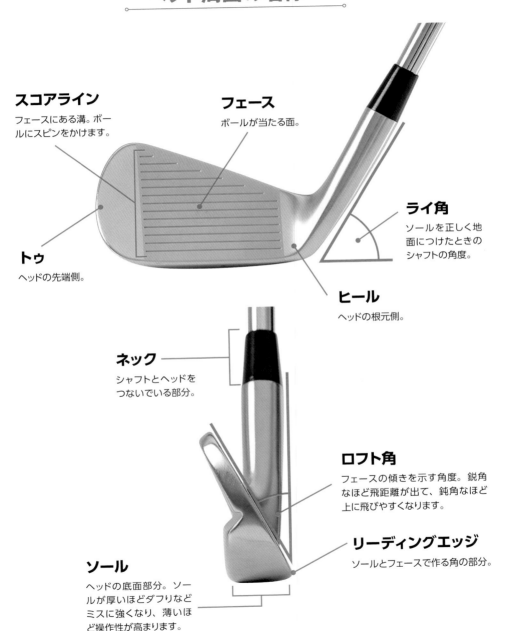

スコアライン
フェースにある溝。ボールにスピンをかけます。

フェース
ボールが当たる面。

ライ角
ソールを正しく地面につけたときのシャフトの角度。

トゥ
ヘッドの先端側。

ヒール
ヘッドの根元側。

ネック
シャフトとヘッドをつないでいる部分。

ロフト角
フェースの傾きを示す角度。鋭角なほど飛距離が出て、鈍角なほど上に飛びやすくなります。

リーディングエッジ
ソールとフェースで作る角の部分。

ソール
ヘッドの底面部分。ソールが厚いほどダフリなどミスに強くなり、薄いほど操作性が高まります。

飛距離に穴ができないように 持ち込むクラブを決めましょう

クラブセッティングの一例
（パターを除く13本）

ビギナーは最低限
★の4つとパターが
あればOK!

クラブ名		1W ドライバー	3W スプーン	5W クリーク	5UT 5番ユーティリティー	6UT 6番ユーティリティー	5I 5番アイアン
ビギナーの 飛距離目安 （ヤード）	男性	200	180	170	160	150	140
	女性	150	125	105	100	90	80

ラウンドには14本のクラブを持ち込めますが、何を選択するか
は自由です。この選択をクラブセッティングとよびます。うまくな
れば10ヤード刻みになるように選択しますが、飛距離が安定し
ないうちはある程度大雑把な間隔で問題ありません。

上手なゴルファーが同一ブランドのクラブを同じ力で振ると、
およそ10ヤードずつ飛距離が変わるように、シャフトの長さや
ヘッドの重さ、ロフト角などが計算されてつくられています。

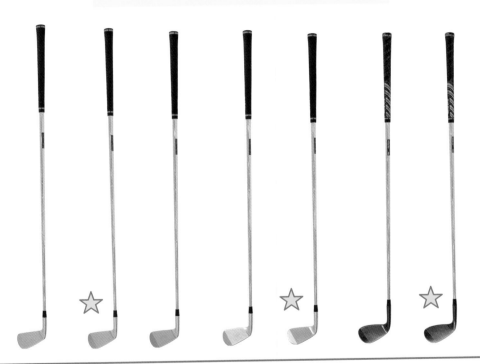

6I 6番アイアン	7I 7番アイアン	8I 8番アイアン	9I 9番アイアン	PW ピッチングウェッジ	AW アプローチウェッジ	SW サンドウェッジ
130	120	110	100	80	70	60
70	65	60	55	50	45	40

ドライバー

1番ウッドをドライバーとよびます。最も飛距離が出るクラブで、一般的にティーアップされたボールを打つときに使います。フェースが大きいですが、芯に当てるのはやや難しく、ビギナーは打球が右へ飛ぶスライス軌道に悩まされることが多いのが特徴です。

ビギナー
向け

ドライバーの選び方

ドライバーのロフト角は男性プレーヤーだと 9.0 ～ 10.5 度が一般的ですが、ロフト角があるほどボールが上がりやすいので、まずは 10.5 度以上にしましょう。シャフト素材はカーボンでしなりを重視し、ヘッドは大きいタイプの方がまっすぐ飛びやすいでしょう。

1 ロフト角は
10.5度以上

2 ヘッドが
大きい

TWIST FACE

LOWER

3 シャフトは
カーボン素材

フェアウェイウッド

必要なクラブ
#02

1番ウッドを除くウッドクラブをフェアウェイウッドと総称します。ソールが厚いのでダフりに強く芝の上を滑るように打つことができますが、深いラフや傾斜は不向きです。ライ（ボールが置かれた状態）がよい距離を残した2打目で使われることが多いクラブです。

ビギナー向け
フェアウェイウッドの選び方

一般的には 3、5、7 番がよく使われますが、ビギナーであれば 5 番が 1 本あれば十分です。扱いに慣れてきたら 3 番ウッドを追加しましょう。ドライバー同様にヘッドが大きいタイプの方がインパクトが安定します。

ウッドの名称	
2W	ブラッシー
3W	スプーン
4W	バフィ
5W	クリーク
7W〜	ショートウッド

1 ロフト角の目安は 18度前後（5番ウッド）

2 ヘッドが大きい

3 まずは 5番ウッド

必要なクラブ #03 ユーティリティー

ウッドとアイアンの間にあるのがユーティリティーです。ミスに対する許容性が高く、扱いが難しい3～4番アイアンを入れずに、ユーティリティーを2本入れる人も多いです。形状がドライバーに近いタイプとアイアンに近いタイプがあります。

ビギナー向け
ユーティリティーの選び方

ビギナーは、扱いやすさを重視したいのでアイアンと同ブランドの「ウッドタイプ」を選びましょう。またウッドとアイアンの間の飛距離を埋める必要があるので、手持ちのウッドと番手が一番高いアイアンのロフト角を調べ、その中間になるロフト角を基準にするとよいでしょう。

1 ウッドとアイアンの中間になるロフト角

2 ウッドに似た形のタイプ

3 アイアンと同じブランド

アイアン

必要なクラブ
#04

アイアンの番手は一般的に3〜9番までありますが（一昔前は1〜2番もありましたが今は目にしません）、3〜4番は扱いが難しいため、多くのメーカーは5〜9番（PWまで含まれることも）をアイアンセットとして販売しています。

ビギナー
向け

アイアンの選び方

ビギナーはミスの許容性が高い「キャビティータイプ」がおすすめです。背面がえぐれており、ボールがまっすぐ高く上がりやすくなります。また、そのなかでもソール幅が厚い方が、より安定してインパクトできるようになります。

1 背面が
えぐれている

2 ソールが
厚い

3 まずは7〜9番が
あればOK

ウェッジ

100ヤード以内のアプローチショットやバンカーなどにはまったときに使われるのがウェッジです。ロフト角により主にピッチングウェッジ（PW）、アプローチウェッジ（AW）、サンドウェッジ（SW）の3つにわけられます。

\ビギナー/
向け
ウェッジの選び方

PWはアイアンセットに含まれていることも多いので、そのロフト角から等間隔で揃えましょう。アイアンと同一ブランドだとロフト角の間隔のバランスがよいのでおすすめです。最初はPWとSWだけでも問題ありませんが、ソール幅は厚めを選びましょう。

1 ロフト角の間隔を重視

SW　　AW　　PW

ロフト角の目安
PW ➡ 40〜47度
AW ➡ 48〜54度
SW ➡ 55〜60度

2 まずはPWとSWでOK

必要なクラブ #06 パター

グリーン上で使うのがパターです。1本あれば十分ですが、実に多くの種類があり、見た目も直線的なものから、後ろに大きく伸びたものまでさまざまです。感覚が重視されやすいクラブなので、ショップで試打を重ねて自分に合うものを見つけましょう。

ビギナー向け パターの選び方

ビギナーは、直進性を重視したいので、後ろが大きい「マレットタイプ」とよばれる形状がおすすめです。ビギナークラブセットを購入すると、多くはこのタイプになります。

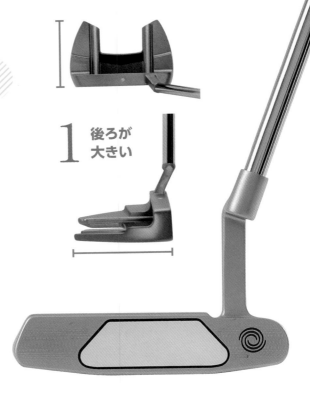

1 後ろが大きい

直線的な「ピンタイプ」は一般的には上級者向きとされますが、しっくりくるというビギナーもいます。

2 感覚的に自分に合う

動画撮影がゴルフ上達の
1番の近道です。

　運動や楽器など、人が技術を習得しようとするとき、そのステージは大きく4つにわけられるといわれています。

　1つ目のステージは「知らないし、できない」です。つまり技術を習得しようと試みる前の段階です。2つ目のステージは「知っていてもできない」です。ゴルフでいえば、本や動画などを見て、身につける技術を知った段階です。3つ目のステージは「意識するとできる」です。これは反復練習をするなかで意識すればできるという段階です。4つ目のステージは「意識しなくてもできる」です。これは頭ではなくカラダが覚えているという段階です。

　「知ったらすぐにできる」と考える人もいますが、知ることとできることは違います。ゴルフにおいて、これらのステージを着実に上るには動画撮影が最良です。幸いなことに今の時代は誰もがスマートフォンで自分のスイングを気軽に撮影できます。撮影した動画を数秒遅れで画面に再生させる遅延再生アプリという優れものもあります。これを使えば、ひとスイングごとに画面で確認できます。自分がイメージしたスイングと、実際のスイングには少なからず差があります。この差を埋めていく作業を地道に続けていくことが上達の近道です。

技術習得のステージ

ステージ1	ステージ2	ステージ3	ステージ4
知らないし、 できない （無意識的無能）	知っていても できない （意識的無能）	意識すると できる （意識的有能）	意識しなくても できる （無意識的有能）

Part 2

スイングの基本

ゴルフビギナーであれば、誰もが最初はゴルフ練習場へ行くことになるでしょう。「打ちっぱなし」とよばれているところです。この章では、その練習場で覚えてほしいスイングの基本を解説します。

いきなりコースではなく
まずは「打ちっぱなし」です!

これからゴルフをはじめるビギナーの人は、まずはゴルフ練習場、通称「打ちっぱなし」へ行きましょう。ここでスイングの基礎を身につけることがゴルフ上達の近道になります。初日はグローブだけ購入し、クラブはレンタルでもかまいません。

ゴルフ練習場では入場料＋ボール代がかかる

ゴルフ練習場の料金体系

- 入場料 ➡ 無料〜 500 円
- ボール代 ➡ 3 〜 30 円／球
- 照明代（夜間のみ）➡ 無料〜 300 円
- 打ち放題 ➡ 2,000 〜 4,000 円

※これらの金額は大まかな目安であり、
施設により異なります。

ゴルフ練習場の料金体系でスタンダードなのは入場料＋ボール代です。夜間であれば別途照明代がかかることもあります。ボール代は 1 球、または1カゴ（50 球前後）で計算され、支払いはプリペイドカードによる事前精算が一般的です。

服装に決まりはないがグローブは購入しよう

基本的にゴルフ練習場にはドレスコードがないので服装は問われませんが、グローブだけは必ず着用しましょう。指にマメができたり、皮がむけてしまうことの防止になります。多くの練習場ではグローブが販売されていますが、念のため事前に確認してみるとよいでしょう。

まずはレンタルクラブで練習してみよう

多くのゴルフ練習場にはレンタルクラブが用意されています。また、最新クラブの試打ができる練習場もありますので、いきなりクラブを買うのではなく、慣れるまでは7番アイアンをレンタルして練習してみてもよいでしょう。

プリペイドカードでボールを購入する

ゴルフ練習場では、事前にプリペイドカードを購入するのが一般的です。たとえばその日使う1,000円分だけを購入したり、まとめて10,000円分購入するなどして、そのカードを機械に通すことでボールが排出されます。

プロの指導を受けると上達が早い！

ゴルフ練習場によってはプロの指導を受けられる場合があります。独学で練習をすると、知らず知らずのうちに悪いクセが身についてしまう場合があるので、正しいスイングを最短で身につけたい人にはとてもおすすめです。

練習場でスイングを固めるまでの流れを確認

ゴルフ練習場に行くと「奥のネットまで飛ばしてやる!」と意気込む人がいますが、これではゴルフはなかなか上達しません。ビギナーが効率よく上達するポイントはフルスイングをしないことです。1歩ずつ段階を経ていく方が結果として早く上達できます。

短いティーを使う

ティーなし

ステップ1
短めのティーをセットする

ゴルフ練習場には一般的にゴム製のティーが用意されています。短いのから長いのまで長さはさまざまありますが、まずはアイアンを使うので、短めのティーをセットしましょう。

ステップ2
7番アイアンで練習ドリル

すべてのクラブの中間に位置する7番アイアンは、スイングの基本を身につけるのに最適です。まずはこの7番アイアンでPart3のドリルを短めのティーがある状態で反復しましょう。

ステップ3
ティーなしでハーフスイング

7番アイアンでティーを使ったスイングがまっすぐ飛ぶようになったら、次はティーを使わずにおこないます。置いたボールをダフることなく打つには、腕の力みをとることが大切になります。

スイングが固まる前から
フルスイングはダメ！

打席に入ったら遠くに飛ばしたくなるものですが、スイングが固まる前にフルスイングをしてもよい結果は生まれません。上半身の力に頼った悪いスイングのクセが身についてしまう可能性すらあります。まずは力みのない正しいスイングを身につけることを目標としましょう。

× 上半身が
ガチガチ

ユーティリティー

ドライバー

ステップ4
ユーティリティーで
ハーフスイング

次はユーティリティーです。アイアンよりもシャフトが長くなりますがヘッドは軽くなります。ここでもフルスイングではなく、力まずハーフスイングでまっすぐ飛ばすことを心がけましょう。

ステップ5
ドライバーで
ハーフスイング

次はドライバーです。さらにシャフトが長くなり、ヘッドは軽くなります。飛ばしたい気持ちを抑えて、力まずハーフスイングを心がけます。ここでは長めのティーを使用します。

ステップ6
各クラブで
フルスイング

各クラブのハーフスイングがまっすぐ飛ぶようになったらフルスイングをしてみましょう。ただし、力まずに振ることを意識します。上半身の力みは百害あって一利なしです。

左手のグリップは
斜め左上から握ります

カラダとゴルフクラブの唯一の接点はグリップです。どんなに筋力や柔軟性があったとしても、グリップの握りが悪ければパフォーマンスを発揮することはできません。ここではゴルフに大切な役割を果たしている左手の握りについて解説します。

1 ターゲットに対して
フェースの溝を垂直にセット

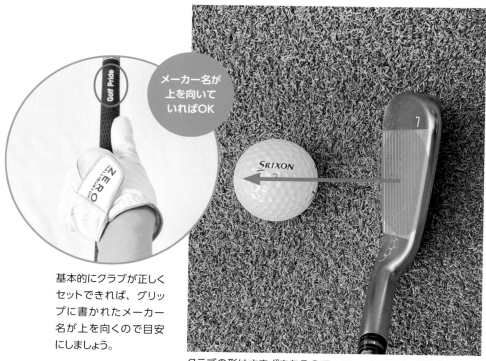

メーカー名が
上を向いて
いればOK

基本的にクラブが正しくセットできれば、グリップに書かれたメーカー名が上を向くので目安にしましょう。

クラブの形はさまざまあるので、フェースではなく溝（スコアライン）が打ちたい場所（ターゲット）に対して垂直になるようにセットします。

手のひらでなく指で握る

人差し指の第二関節から手のひらを斜めに横切るように握ります。正しく握ることができれば、グリップの重みを指の第二関節あたりで感じられます。

2 斜め左上から手のひらで押さえる

下や横ではなく、斜め左上からグリップを握ります。この向きで握ることで、フェースがスクエアの状態（左ページのようにボールに対して垂直）でインパクトできやすくなります。

こぶしの山が2つ見える

右手のグリップは
横から優しく握ります

右利きの人は利き手である右手に力が入りやすいですが、グリップを握るのは左手で、右手は添えるだけです。右手が力むとスイングはうまくいきません。上級者になれば右手で押し込む感覚も必要になりますが、まずは右手を力ませずに握れるようになりましょう。

1 左手の人差し指に 右手の薬指をピッタリつける

スイング中に右腕が力んでしまうことを防ぐために、一般的には右手の小指ではグリップを握りません。そのため、まずは左手の人差し指に右手の薬指をピッタリ合わせます。

右手の小指では
グリップを
握らない!

2 右手の親指付け根の膨らみで左手の親指を包み込む

右手は力ませないことが何よりも重要です。そのうえで、グリップに対して横から左手の親指を包み込むように握ります。

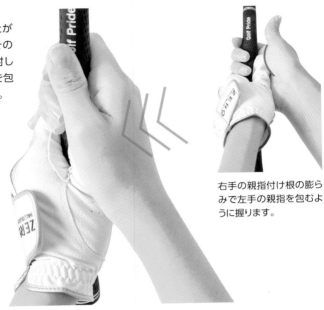

右手の親指付け根の膨らみで左手の親指を包むように握ります。

右手の小指は人それぞれ。自分に合うスタイルを見つけよう

オーバーラッピング

小指を左手の人差し指の上や、人差し指と中指の間に乗せます。両手がバランスよく使えるスタンダードな形です。

インターロッキング

小指を左手の人差し指と絡ませます。手が小さくても、右手のひらで左手の親指を包みやすく、両手の一体感が高まります。

ベースボール

野球のバットを握るように10本すべての指をグリップにかけます。難易度が高くビギナーには適しません。

グリップを正しく握れているか チェックしてみましょう!

ゴルフをはじめたばかりの段階では、クラブの握り方に違和感を覚えたり、そもそも正しく握られているのかイマイチわからないという人も多いと思います。そこで、ここでは正しい握りの完成形と、握った手が力んでいないかチェックする方法を紹介します。

左手の親指を
右手で優しく
包み込む

こぶしの山が
2つ見える

これが握りの完成形!

左手は左斜め上から、右手は横からグリップを握るような意識をもちましょう。また握った手は必要以上に力ませないことが大切です。

右手の小指は
余らせる

この動作で
チェック!

クラブを上下に振ってみよう

手首が支点となり、クラブ先端の重み
を指で感じながら上下に振れたら OK
です。スイング時はこの「重み」を感
じることがとても重要になります。

×

**手首ではなく
ヒジが支点に
なる**

握った手に必要以上の力が入っていると、
手首が柔軟に動かず、ヒジが支点となっ
てクラブを上下させてしまいます。

Beginner's メモ

バレーボールのレシーブの
ようにヒジの内側を上へ向ける

グリップを握ることに慣れるまでは、肩や腕が力みが
ちです。するとヒジが曲がり力こぶができ、さらに腕
に力が入ってしまいます。バレーボールのレシーブ
のように、ヒジの内側を上に向けてグリップを握る習
慣をつけましょう。

ボールとフェースを合わせてから 左手、右手の順で握りましょう

グリップの握り方を身につけたら、毎回同じ握りになるようにルーティンをつくりましょう。ポイントはフェースの向きを最初に決めることです。そこからグリップ、スタンスというように、足の位置は最後に決めます。

1 右手でかるく握り フェースをボールに 合わせる

2 浮かせた 右手の下に 左手を入れる

フェースをボールに対して垂直にセット。この時点では右手はかるく握る程度でOKです。

グリップが動かないように右手でかるく握ったまま、左手をその下に入れてグリップを正しく握ります。

足の位置から合わせると ボールまでの距離がずれる

足の位置を決めてから、フェースをボールに合わせるやり方では、ボールまでの距離が近くなったり遠くなったりと、毎回ずれてしまいます。フェース→グリップ→スタンスの順でセットすることをルーティンにしましょう。

×　狭くなることも！

3 右手で 左手の親指を 包み込む

左手をセットしたら、その親指を右手で包み込むように横から被せます。

4 グリップが 固まってから スタンスを決める

最後に足の位置を調整します。フェース→グリップ→スタンスの順でセットすることがポイントです。

スイングの各局面の名称と
大まかな動きを覚えましょう

グリップの握りの次は、いよいよスイングです。ゴルフスイングの各局面には、それぞれ名称があるので、ここではその名称とポイントを押さえておきましょう。スイング動作のメイン動力は、下半身の踏み込み（地面反力）と、体幹のねじりになります。

アドレス

ゴルフでは「かまえ」のことをアドレスとよびます。正しいスイングには、正しいアドレスが不可欠になります。

バックスイング

クラブを振り上げる局面です。腕の動きを先行させずに、体幹の回転で上げることがポイントになります。

トップオブスイング

クラブを切り返す局面です。頭の位置をアドレス時から動かさずに、体幹をしっかりひねることがポイントです。

シリンダーの中で
スイングするイメージ

ゴルフのスイングではスタンス幅から腕以外の部分が出ることはありません。どんなときもスタンス幅のシリンダーの中でスイングするような意識をもちましょう。

ダウンスイング

クラブを振り下ろす局面です。腕ではなく骨盤を先行させて動かすことがポイントです。

インパクト

ボールを打つ瞬間です。まっすぐ飛ばすにはフェースをスクエアにすることが大切です。

フォロースルー

クラブを振り抜いた局面です。ヒジを伸ばし、胸の前に三角形を維持することが大切です。

フィニッシュ

スイングの最終局面。左足に加重して、背中を弓なりに反らせた姿勢をつくります。

股関節から上体を前に折り
ヒザをかるく曲げたら完成です

アドレスで大切なことは背すじを伸ばすことです。意識をしないとすぐに猫背になってしまうという人がとても多いので、まずは背すじを伸ばしたアドレスを簡単につくることができる方法を紹介します。

1 背すじを伸ばしたまま
股関節から上体を折る

START

足を肩幅に開き、ヒザを伸ばして「気をつけ」の姿勢で立ちます。

背すじを伸ばした状態で股関節から上体を折ります。このとき肩の真下に腕が垂れているとよいでしょう。

股関節から
折る

お尻が下がりすぎると 骨盤が動かない

お尻を後ろに落とすと下半身は安定しますが、そこから骨盤を動かすことが難しくなってしまいます。お尻を上に突き出す意識をもってアドレスをつくりましょう。

×

2 つま先より前に出ないように かるくヒザを曲げる

お尻を上に突き出す

上体の前傾姿勢を維持したままヒザをかるく曲げます。お尻を上に向かって突き出すような意識をもちましょう。

この動作で チェック!

股関節にシャフトをつけて上体を折ると、姿勢がつくりやすくなります。

■ アドレス1

左右の母指球に加重して
前傾姿勢を安定させましょう

一見するとリラックスしているようにも思えるアドレスですが、実は両足の母指球に加重をして、しっかり地面を踏み込んでいます。これによって、お尻や太ももの裏の筋肉が働き、地面反力を得ています。ここではまず、基本となる母指球加重を覚えましょう。

○ 母指球に加重して 地面を踏み込む

アドレスで下半身を安定させることがスイングの土台になるので、両足の母指球でしっかり踏ん張りましょう。

お尻を
突き上げる
意識をもつ

フェース面を
目標に向ける

Beginner's メモ

なぜ、背すじを伸ばした前傾姿勢にするのか?

理由はいくつかありますが、カラダの後ろ側の筋肉を使うことができるようになるのが大きな理由です。後ろ側とは脊柱起立筋や大臀筋、ハムストリングなどです。これらの筋肉が働くことで骨盤や背骨が安定してカラダの軸ができます。

カラダの後ろ側にある主な筋肉

脊柱起立筋　　大臀筋　　ハムストリング

✕ カカト加重

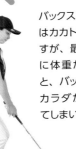

バックスイングで体重はカカト寄りに移りますが、最初からカカトに体重が乗っていると、バックスイングでカラダが後ろに倒れてしまいます。

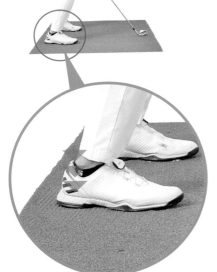

✕ つま先加重

アドレスでつま先加重になっていると、上体も前傾しているため、前に倒れてしまいます。

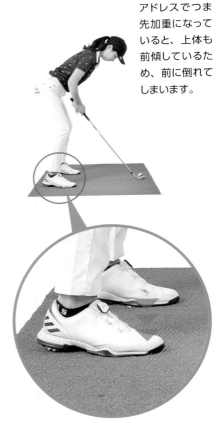

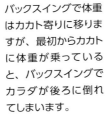

ヒジを伸ばして胸の前で
三角形をつくりましょう

アドレス時の加重を身につけたら、次は腕の使い方です。ポイントはヒジをしっかり伸ばして、胸と両腕で三角形をつくることです。この三角形はスイング中たえず保たれるので、アドレスの時点で正しくつくれるようになりましょう。

○ ヒジを伸ばして
胸の前で三角形をつくる

**グリップエンドは
左股関節に向ける**

グリップエンドを左股関節に向けると、インパクト時にフェースよりも手が先行する「ハンドファースト」をつくりやすくなり、スイングが加速します。

**左ヒジの
内側を
上に向ける**

正しくスイングするには、とくに左ヒジを伸ばすことが重要なので、
ヒジの内側を上に向けてしっかり伸ばしましょう。この左ヒジの伸びは、
フォロースルーまでキープされることになります。

ゴルフは腕の前ではなく 後ろ側の筋肉を使う

スイング時にヒジを伸ばすために必要なのは、前腕伸筋群や上腕三頭筋といった腕の後ろ側にある筋肉です。腕が力むと、腕の前側にある前腕屈筋群や上腕二頭筋が強く働いてしまうので注意しましょう。練習後に腕の前の筋肉が張っていたら余計な力が入っていたサインです。

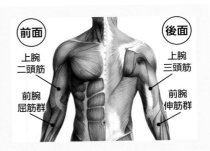

 ## ヒジが曲がり 五角形になってしまう

腕が力むと ヒジが曲がる

腕が力むとヒジが曲がりやすくなります。これではクラブの遠心力を利用したスイングができないので飛距離が出ません。また、そもそもスイング軌道が安定しないので、正確にインパクトすることやまっすぐ飛ばすことも難しくなります。

■ アドレスのスタンス

ルーティン動作を決め
いつも同じ姿勢でかまえます

アドレスの最後はスタンスの広げ方の手順です。スタンス幅はクラブによって変わります
が（P.056参照）、手順は同じです。ここでは基本となる7番アイアンを例に紹介します
ので、ルーティン動作として毎回おこなえるようになりましょう。

ボール位置は
カラダの中心

フェースを
動かさない!

ステップ1

正しくグリップを握ったら
両足を揃えて立つ

まずは両足を揃えて立ち、フェースの溝をターゲ
ットに合わせ、正しくグリップを握りましょう。

ステップ2

フェースを動かさずに
左足を1足幅分横にずら

7番アイアンの場合は、左足を靴1足分左
にずらします。このときフェースが動かな
いように注意しましょう。

必ずボールの真後ろに立ち、目標までの方向を確認

目標方向を確認するときは、必ず真後ろに立ち、クラブを伸ばしてボールと目標物を結びます。横着してボールの横から確認するだけでは、方向が微妙にずれてしまうので注意しましょう。

肩幅程度に足を開く

最後にヒザを曲げる

ステップ 3

右足を1足幅横にずらしたらアドレスの完成

7番アイアンでは肩幅と同じか、少しだけ広いスタンスがよいので、右足を靴1〜1.5足分右にずらしてスタンス幅を調整します。

ステップ 4

スタンスを決めてからヒザをかるく曲げる

お尻を上に突き上げるような意識でヒザをかるく曲げます。

シャフトが長いほど
ボールは左足寄りです

最も離れる

ドライバー

シャフトが最も長くスイングに遠心力が強く働くため、スタンスは肩幅より広げます。またボール位置は左足カカトの内側の延長線上が目安になります。

やや離れる

ユーティリティー

ドライバーとアイアンの中間に位置します。基準となる7番アイアンと比較すると、スタンスは足幅半分ほど広がり、ボール位置はカラダの中心からやや左足側です。

左足カカトの
内側の延長線上

カラダの中心から
やや左足側

各クラブの長さやロフト角はすべて異なるため、ボールまでの距離やボールをセットする位置も異なります。ここでは4つのクラブの目安となるスタンスとボール位置を解説します。これらは体格やライの状況によっても変動するので、目安としてとらえてください。

やや近い

最も近い

アイアン

基準となるのは、すべてのクラブの中間に位置する7番アイアンです。スタンスは肩幅と同じ程度。ボール位置はカラダの中心、またはボール半個分左足側です。

サンドウェッジ

フルスイングをしないためスタンスは肩幅より狭くなり、状況によっては両足を限りなく近づけることもあります。ボールの位置はカラダの中心が一般的です。

カラダの中心〜
ボール半個分
左足側

カラダの中心

2段階の運動で体幹に
大きなねじれをつくります

バックスイングでは骨盤の前後運動と体幹の回転動作が段階的に加えられます。骨盤の運動を土台にして、体幹がさらに回るイメージです。ポイントは骨盤を回すのではなく、前後に動かす意識をもつことです。

1 右骨盤を引きながら
右足で地面を踏み込む

右内ももに
力を入れて
踏ん張る!

カカトで
強く地面を
踏む!

右足 6

左足 4

**バックスイング時の
骨盤の右水平回旋
運動メカニズム**

腰椎

骨盤

右股関節

左股関節

骨盤を正しく右に回すと、右股関節と腰椎は少しだけ左に回ります(内旋)。この動きで右脚に壁ができてスウェーを防ぎます。

加重の変化

まずは右骨盤を後ろに引いて、両足の母指球に5:5で乗っていた体重を右足(カカト寄り)に6割ほど移していきます。このとき大切なことは、徐々に右内太ももに力を入れて(右股関節の内旋)、カラダが横に流れるのを防ぐことです。

1段階目の骨盤動作を
忘れないように！

クラブを振り上げることに意識が向かうと、骨盤動作が疎かになり、体幹の回転からはじまりがちです。しかし、これでは右股関節の内旋が起こらず、カラダ全体が横へずれたり（スウェー）、左ヒザが必要以上に内側へ入ってしまいます。

2 骨盤の運動を土台にして
体幹がさらに大きく回る

2段階目の
運動で体幹を
ねじる

カラダが右に
流れないように
壁をつくる

加重の変化

右足
8

左足
2

右骨盤を後ろに引いたら、すぐに体幹も回していきます。
最終的に右足に8割ほど体重が移り、右お尻、右内もも、
わき腹に張りを感じたらバックスイングは OK です。

意識していることと
見た目の動作は違うものです

落とし穴 ✕ 骨盤の回転を
強く意識すると…

バックスイングで
スウェーする

骨盤を回す意識が強いと、腰が
右方向へ流れるスウェーが起こ
りやすくなります。

ダウンスイングで
体重が右足に残る

ダウンスイングで骨盤を回す意
識が強いと、右足に体重が残っ
てしまうことがあります。

厳密にいえば、スイング中の骨盤は回転運動をしています。しかし、イメージは前後運動です。なぜならビギナーが"回転"を強く意識すると、カラダ全体が横に動く"スウェー"が起こるからです。歩くように骨盤を"前後"させるという意識でスイングしましょう。

これで解決!

骨盤を前後に動かす
意識でスイング

右骨盤を後ろに引いて
バックスイング

右骨盤を後ろに引くという意識をもてば、腰が右に流れるスウェーを防げます。

左骨盤を後ろに引いて
ダウンスイング

左骨盤を引いてから体幹を回せば、ダウンスイングで体重が右足に残ることもありません。

頭の高さを変えずに
バックスイングをしましょう

上級者になるほど、スイング中の頭の位置はまったく変わりません。そればかりか、前傾角度も同じです。これはスイング動作が正確におこなわれている証拠です。ここでは、姿勢の変化という視点からバックスイングを解説します。

◯ アドレス時から頭の高さと前傾角度は変わらない

アドレス

バックスイング

前傾角度や
頭の高さが
変わらない

右足に加重し、
右骨盤を後ろに
引くイメージ

アドレスの前傾角度と頭の位置や高さがバックスイングでも変わらないことが、その後のスイング精度を高めます。これは右骨盤を引いて、右脚で壁をつくってから体幹をひねることで可能になります。

左脚を出すのではなく右脚を引きます

バックスイングで頭が下がってしまう人は、「左脚が前」に出ています。「右脚を後ろ」に引くイメージをもちましょう。

○ 右脚を後ろに引く

× 左脚を前に出す

× 左足の母指球に体重が乗り頭の位置が下がる

アドレス

バックスイング

頭の高さが下がる

左足に加重し、左骨盤が前に出ている

本人は右足に加重しているつもりでも、左足に体重が乗っているという人がいます。これは「左脚を前に出す」ことで骨盤を前後させているために起こりますが、これでは反動でダウンスイング時に起き上がってしまいます。

体幹の回転に同調させながら大きな円を描きます

バックスイングの最後は腕の使い方です。ゴルフスイングでは腕が体幹より先行することはなく、必ず体幹の回転に同調します。主導権は体幹にあり、腕がついてくるイメージです。カラダの右側に大きな円を描くつもりでやってみましょう。

◯ 体幹の回転運動に クラブが同調する

体幹の回転に合わせてクラブを上げます。右カカトに加重して、カラダの右側で大きな円を描くほど、体幹がねじれその後のスイングが加速していきます。

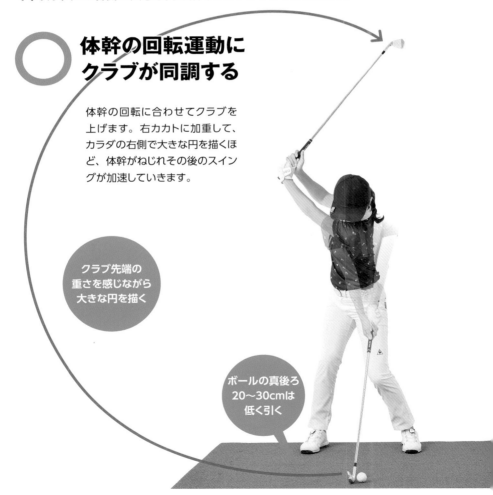

クラブ先端の
重さを感じながら
大きな円を描く

ボールの真後ろ
20〜30cmは
低く引く

"カナヅチ" を持つように
左手首を使う

カナヅチを使うときは、手首が親指方向へ曲がり、
そこから振り下ろされます。ゴルフも同じように
左手首を親指方向へ曲げながらバックスイングを
します。この手首の使い方をゴルフ用語で「コッ
ク」とよびます。

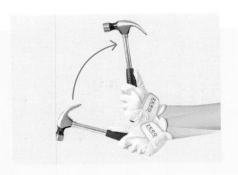

✕ 手の力で先行して
引き上げる

体幹の回転に合わせず先行して
クラブを引き上げると、肩で担
ぐように左ヒジが曲がり、カラ
ダに近づけながら引き上げてし
まいます。これはクラブを重い
と感じる方によく見られます。

肩で
担ぐように
上げてしまう

右のお尻と太もも裏、体幹に張りがあればトップは完成です

バックスイングからダウンスイングへの切り返しの瞬間をトップオブスイング（またはトップ）とよびます。ここでの体幹のねじれがダウンスイングへの動力となります。ポイントは腕でなく体幹をしっかり回すことです。

左肩越しにボールを見るほど体幹を回転させたい

右脚の壁で下半身を安定させる

体幹をねじることがトップをつくる目的

トップはバックスイングからダウンスイングに移る一瞬のタイミング。ここでは右脚の壁で下半身を安定させ、そのうえで体幹が回転して大きくねじられます。体幹の筋肉が引っ張られるような感覚があれば、正しくトップができているサインになります。

トップで左手首を掌屈させる

掌屈とは、手のひら側に手首を曲げることです。トップで左手首を掌屈させ、そのまま振り下ろし、インパクトで掌屈がほどけることでヘッドがさらに加速します。トップで掌屈をつくるのが難しい場合は、バックスイングで掌屈を入れながら上げてもよいでしょう。

○ 右ヒジが下を向く

× 右ヒジが外を向く

体幹をしっかり回し、胸の前にグリップがあります。このとき右ヒジが下を向いていると、ヘッドがカラダの近くを下りるインサイド軌道になります。

体幹を回すことだけに意識が向くと、右ヒジが外を向きやすくなります。これではヘッドがカラダから離れて下りるアウトサイド軌道になり、スライスの原因となります。

バックスイングと同じように 骨盤の運動が先行します

バックスイングと同様にダウンスイングにも骨盤と体幹の2つの運動があり、先行するのは骨盤です。これがよくいわれる「下半身リード」のスイングです。左足に体重を移しながら左骨盤を後方へ引きましょう。

1 トップの姿勢のまま 左足に加重する

手元は
上げたまま

骨盤の
前後運動が
先行する

加重の変化

右足
4

左足
6

**ダウンスイング時の
骨盤の左水平回旋
運動メカニズム**

腰椎

骨盤

右股関節

左股関節

骨盤を正しく左に回すと、左股関節と腰椎は少しだけ右に回ります（内旋）。この動きで左脚に壁ができてカラダが左側へ流れるのを防ぎます。

グリップをトップの位置に残したまま、左足に加重して左骨盤を引いていきます。これによって体幹が強くねじれ、ダウンスイングを加速させるパワーをつくります。

腰の高さで
コックがほどける

トップでつくったコックは、グリップが腰の高さあたりに下りてきたときにほどけるのが理想です。ダウンスイング開始と同時にほどけるとヘッドが加速しません。

2 左足を踏み込んだまま 体幹が勢いよく回転

左足のカカト寄りで地面を踏み込みながら体幹を回転させます。この体幹の回転につられて腕も下りてきます。意識して腕を振り下ろしてはいけません。

股関節の前傾角度を保って
起き上がりを防ぎましょう

腕の力でダウンスイングをするビギナーは、上体が起き上がってしまいがちです。練習場でこのようなスイングをする人はとても多いです。対処法は、左足のカカト寄りでしっかりと地面を踏み込むことです。つま先寄りでは上体が起きるので注意しましょう。

頭の位置や
カラダの軸は
動かない

左足の
カカトで地面を
踏み込む!

〇

前傾姿勢のまま
ダウンスイング

アドレスで股関節から上体を折った角度を維持したままダウンスイングします。コツはトップからの切り返しで左ヒザを曲げたまましっかり左足に加重することです。

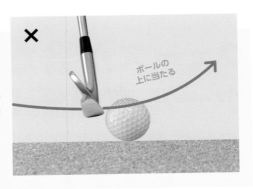

ボールの
上に当たる

ボールがコロコロ転がって
しまう人は要注意！

上体が起き上がると、フェースがボールの上の
方に当たるので、軌道が低くなったりコロコロ
と転がることもあります。心当たりのある人は、
前傾姿勢を維持したスイングを心がけましょう。

×

右腕を力ませて
振り下ろすと
反動で上体が
起きる

上体が起き上がって
ダウンスイング

バックスイングで頭が前に下がっ
たり、腕の力でダウンスイング
すると、反動で上体が起き上が
ってしまいます。

フェースが当たる瞬間まで
ボールを見続けましょう

フェースがボールに当たる瞬間をインパクトとよびます。ビギナーの多くはボールをまっすぐ飛ばすことに苦慮していますが、このインパクトでフェースをボールに対してスクエアにすることが、まっすぐ飛ばすために必要不可欠となります。

◯ 左脚で壁をつくり
インパクトする

左脚で
壁をつくる

ヘッドが遅れて出てくることでフェースがスクエアに戻ってインパクトできます。

ダウンスイングで加重し、曲がっていた左ヒザが伸び上がるタイミングでインパクトをむかえます。このとき顔はインパクト後までボールを見ていることで、インパクトゾーンを長く保て、ボールを最後まで押し込むことができます。

✕ 右足に体重が残ったままインパクトする

右足に体重が残る

腕で振り下ろすとフェースが斜めのままインパクトしてしまいます。

これはビギナーに多い典型的な NG ショットです。体重が右足に残り、手打ちになっています。また右手の力が強いため左手が負けてヒジが曲がっています。さらに顔も上がっており、フェース軌道が安定しないのでミスショットになってしまいます。

Beginner's メモ

ハンドファーストで手の甲が先行する

トップでつくった掌屈（P.067）はインパクトまで維持されます。するとボールよりも左手の甲が前に出た状態になります。これを「ハンドファースト」とよびます。そしてインパクトで掌屈がほどけ手首が逆に返る（背屈）ことでヘッドがさらに加速します。また、掌屈が維持できればヘッドが落ちないのでダフリづらくもなります。よくダフる人は意識して練習してみましょう。

○ 左手首が掌屈

✕ 左手首が背屈

加速する

まっすぐ飛ばすには インサイドイン軌道です

スイング軌道はボールが飛ぶ方向に大きく影響します。スライスしやすい人の多くはアウトサイドイン軌道になっています。本書の下半身リードのスイングを身につけて、インサイドイン軌道に振れるようになりましょう。

1 インサイドイン軌道

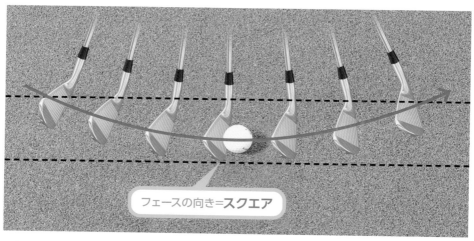

フェースの向き=**スクエア**

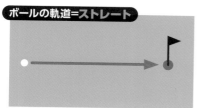

ボールの軌道=**ストレート**

ヘッドがカラダの内側から入って内側へ出ていくインサイドイン軌道が理想です。フェースがスクエアになるので横スピンがかからずボールがまっすぐ飛んでいきます。このスイングを習得するには、下半身リードのスイングを身につけることが大切です。

2 インサイドアウト軌道

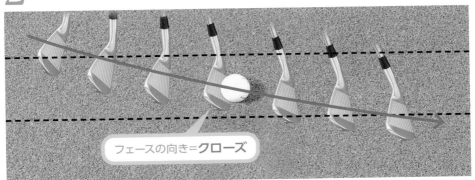

フェースの向き=**クローズ**

ボールの軌道=**ドロー**

ヘッドがカラダの内側から入って外側へ出ていくのがインサイドアウト軌道です。フェースがクローズになるのでドロー回転がかかり、右方向へ飛び出しても緩やかに左方向へ曲がります。上級者になれば状況によって意図的に使うこともあります。

3 アウトサイドイン軌道

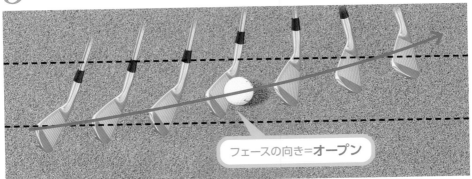

フェースの向き=**オープン**

ボールの軌道=**スライス**

ヘッドがカラダの外側から入って内側へ出ていくのがアウトサイドイン軌道です。フェースがオープンになるのでスライス回転がかかり右方向へ大きく曲がります。下半身が使えず手打ちになると、この軌道になってしまいます。

顔を残したまま遠心力に任せて 自然な形で振り切ります

インパクト後にスイングが継続されている間をフォロースルーとよび、スイングが止まったところをフィニッシュとよびます。最初のうちは正しいフィニッシュ地点までカラダが回らないこともあるので、意識的にフィニッシュの形をつくるとよいでしょう。

1 顔は下に向けたまま 両ヒジはまっすぐ伸びる

フォロースルーでは顔はまだボールがあった地点を見ています。そしてクラブの遠心力に任せて両ヒジが伸びて胸の前で三角形がつくられているのが理想的なフォロースルーになります。

両ヒジが伸びて胸の前で三角形ができる

地面を蹴り上げる

フィニッシュ後の姿勢を
チェックしてみよう

フィニッシュでしっかりと左足に体重が乗っていれば、次の1歩は右足になります。それも自然に前に出るように踏み出します。フィニッシュ後に右足に体重が残っているとカラダが後傾して、右足で次の1歩が出ません。

○ 右足が自然に出る

× 右足が動かない

2 背中がかるく反る程度に 全身を使ってフィニッシュ

右足の裏が後ろを向く

トップオブスイングからフェースで描いてきた大きな円はこのフィニッシュで完成します。理想は左足1本で立てるほど体重移動をしていること。毎回同じフィニッシュになっているか意識してみましょう。

朝起きて指に違和感を
覚えたら要注意です。

　知的好奇心旺盛な人にとってゴルフはとてもすばらしいスポーツです。練習場に行けば、試行錯誤をくり返す先にうまくなっていく自分の姿を見つけることができます。とくに習いはじめの時期は、できるようになる過程が楽しくて、どうにか時間をつくり毎日でも通ってしまうという人も多くいます。

　しかしながら、そのような人こそ注意してほしいことがあります。それは「バネ指」です。平たくいえば指関節の腱鞘炎の一種です。朝起きたときに、指の動きが不自然、硬い感じがするなど違和感を覚えたら、それはバネ指のサインです。ビギナーの方はグリップを握る手も力みがちなので、練習頻度が多い人ほどバネ指になりやすいといえるでしょう。少し休めば治るのですが、無理をして続けると重症化することもあるので、そうなる前に違和感がなくなるまで必ず休息をとりましょう。

　同時に、練習後や朝に指が硬いと感じたときは指のストレッチをする習慣をつけましょう。やり方は簡単です。腕をまっすぐ前に伸ばして、逆の手で指先をつかんで反らせるだけです。勢いをつけずに、ゆっくりと伸ばします。これを続けるだけでも症状が軽減していきます。

痛みを感じる
手前まで
ゆっくり
伸ばしましょう。

Part 3

スイングドリルと
弱点克服法

Part2で理解したスイングの基本を自分のものに
するために、この章では練習ドリルを紹介します。
意識しなくても正しいスイング動作ができるように
なるまで、くり返し練習しましょう。

■ ステップドリル1

背中でクラブを担いで2つの動作に意識を集中させます

背中でクラブを担ぎます。スタンスは狭いほど回転がしやすく、広いほど姿勢が安定するので、自分がやりやすい幅でおこないましょう。

頭の位置はアドレスから動かない

右足で地面を踏み込み、右骨盤を引いたらすぐに体幹も右回転させます。

アドレス ▶ **バックスイング**

背すじを伸ばした前傾姿勢で両足の母指球に加重します。

前傾姿勢を保ちながら右足に加重し、しっかりと壁をつくります。

ゴルフ練習場の打席に入ったら、まずは準備運動をかねて
このドリルをおこないましょう。クラブを背中に担ぎ、頭の位
置を動かさず、骨盤の前後運動と体幹の回転運動にわずか
な時間差をつくります。

左足で地面を踏み
込み、左骨盤を引い
たらすぐに体幹も左
回転させます。

目標方向へ胸を張
り出すような意識
で体幹をしっかり
回転させます。

ダウンスイング ▶ フィニッシュ

前傾角度も
アドレスから
変わらない

左足に体重を移して
壁をつくり、前傾姿
勢を保ちます。

右足の裏が後方を
向くほど、左足に
加重します。

8時4時スイングで腕とカラダが同調する感覚を養いましょう

腕を8時と4時の間でスイングさせる

体幹の回転に腕が同調すると、常に胸の前には三角形が存在します。まずはこの三角形ができているか確認してみましょう。また、同時にフェースの芯にボールが"パチン"と当たる感触をつかめるようになりましょう。

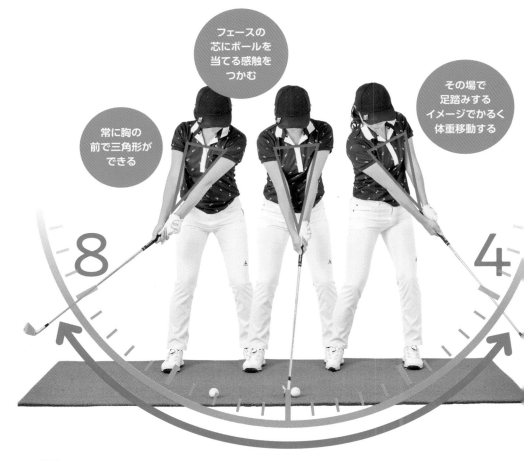

フェースの芯にボールを当てる感触をつかむ

常に胸の前で三角形ができる

その場で足踏みするイメージでかるく体重移動する

クラブを背中に担ぐドリルで骨盤と体幹の運動を身につけたら、実際に
クラブを振ってみましょう。腕が先行することなく、体幹の回転に腕がつ
いてくる（同調する）感覚をつかむことが目的なので、まずは8時から4時
というコンパクトな範囲で、正確におこなえるようになりましょう。

左右の腕を
ローテーションさせる

胸と腕の三角形を強く意識すると、腕が力みヒジ
の内側が常に上を向いた状態になる人がいますが、
正しくは、腕も回りながら三角形を維持しています。
これを「アームローテーション」とよびます。

Beginner's メモ

バックスイングでは
ボールの真後ろへ引く

バックスイングの方向はとても大切です。カラダの
回転よりも腕が先行すると、自分の近くへ引き上げ
がちですが、これではフェースが開いてしまい、ボー
ルが右に飛ぶスライス軌道になってしまいます。

体幹の回転で振る感覚を
9時3時スイングで養いましょう

腕を9時と3時の間でスイングさせる

下半身の体重移動をしっかりおこなわなければ、手打ちになってしまいます。また大きく振るクラブにカラダが引っ張られないように軸を保つ必要もあります。

腕が地面と
平行になるまで
上げる

カラダの軸を
安定させる

体重移動を
しっかり
おこなう

9

3

8時4時の次は9時3時です。クラブを振る範囲が大きくなります。この9時3時は「ハーフスイング」ともよばれ、練習場で最もおこなわれるスタンダードな練習メニューです。振りが大きくなるのでカラダの軸がブレないように注意し、下半身の体重移動をしっかりおこないましょう。

バックスイングの軌道が
ダウンスイングの軌道を決める

体幹の回転で自然にクラブを引き上げればボールから肩を結ぶライン付近にヘッドが上がります。

バックスイングと対称になるようにフォロースルーでは腕が前へ伸びていきます。

腕の力でクラブを引き上げると、ヘッドが後方へ倒れてしまいがちです。

フォロースルーでもクラブが斜め前に向かいやすくなります。

L字スイングで
手首の使い方を覚えましょう

最後はヘッドを加速させる「コック」と、前腕を回す「アームローテーション」を身につけるドリルです。体重移動は小さめにして、前腕からシャフトをL字にすることを意識してスイングしてみましょう。できるだけ L字を保つことがポイントになります。

カラダの軸は
固定する

シャフトを
立てて
L字キープ

ヒジを伸ばして
ヘッドの重みを
感じる

ヒジを伸ばして左右対称に素振りをする

ダウンスイングでは腰の高さあたりまでは L 字を保てるように意識しましょう。そしてインパクトでアームローテーションをして右腕が上になったら、その流れのままフォロースルーでも L 字をつくります。

前傾角度を保ちながらL字スイング

頭から背骨に串が通っているイメージで、頭の位置や前傾姿勢を保ちながら
L字スイングをしましょう。ポイントは、トップからダウンスイングに切り替わ
るときに、左足カカト寄りで地面を踏み込むことです。

Beginner's メモ

コック（L字）は
ギリギリまでほどかない

ダウンスイングでは、L字をキープしている時
間が長いほどヘッドが加速します。上級者は7
時くらいの角度までキープできますが、まずは
9時（腰の高さ）を目安に練習してみましょう。

どうしてボールではなく
手前の芝生に当たるのか？

ここではビギナーに多い間違ったスイングとその解決法を解説します。ひとつめはボール手前の芝に打ち込んでしまう「ダフリ」です。薄い人工芝のゴルフ練習場でこのダフリが続くと、肋骨に衝撃が強くかかり疲労骨折することもあるので注意が必要です。

ダフるってどんな状態？

フェースがボール手前の地面を叩いてしまうことを「ダフる」とよびます。これはゴルフをはじめたばかりの頃に誰もが何度も経験することです。

ボール手前の地面を叩いてしまう

ダフリの2大原因

力んだ腕で
振り下ろしている

原因1

遠くに飛ばそうと
力んでいる

コレで
解決！

体幹の回転を先行させる

体幹の回転よりも腕が先行して、力任せにクラブを振り下ろすとダフリやすいです。体幹が回転すれば腕は必ずついてくるので、余計な力を抜いてスイングしましょう。

原因2

右足に体重が
残っている

右足加重のまま
ダウンスイング

コレで
解決！

左足で踏み込んでダウンスイング

右足加重の状態ではヘッドの最下点がボールよりも後ろになるので、このままではダフリます。左足で踏み込み重心を移してからダウンスイングをすれば、最下点はボールの位置か、それより前になります。

どうしてまっすぐではなく 右へ曲がっていくのか？

ビギナーに多い間違ったスイングのふたつめはボールが強く右へ曲がるスライスです。インパクト時にフェースがスクエアでなく開いていることが理由ですが、フェースが開く理由はさまざまあるので、ここでは代表的な2つの原因を解説します。

ボールが右へ
曲がっていく

スライスって どんな状態？

ボールがどんどん右に曲がりながら飛んでいくことを「スライス」とよびます。これもダフリと同じようにビギナーにとても多い現象です。

スライスの2大原因

原因 **1**

ヘッドを
極端に開いて
バックスイング

ヘッドが
開いている!

ヘッドを閉じたまま
バックスイング

コレで
解決!

手の力でクラブを上げると手首が回りヘッド
が開きます。手首はアドレス時の角度のまま
カラダの回転でバックスイングをしましょう。

原因 **2** ## アウトサイドインの
軌道になっている

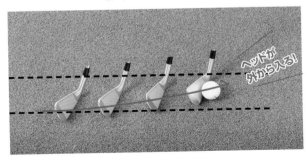

ヘッドが
外から入る!

インサイドインの
軌道で振る

コレで
解決!

トップから腕が先に動くとアウトサイ
ドイン軌道になりやすいです。下半
身リードの回転で振ることでヘッド
がカラダの近くから出るインサイド
イン軌道になります。

主なミスショット

ミスショットの多くは腕の力みが原因になります

ミスショット1
トップ

軌　道	ボールが上がらず低い軌道になる。
主な原因	インパクトで上体が起き上がり、ボールの上部を打っている。
対　策	左足カカト寄りで踏み込み、アドレスの前傾姿勢を維持する。

ミスショット2
チョロ

軌　道	ボールが目の前に転がる。
主な原因	インパクトで上体が起き上がり、顔も上がる。
対　策	左足カカト寄りで踏み込み、アドレスの前傾姿勢を維持。またフォロースルーまでボールがあった場所を見続ける。

ミスショット3
空振り

軌　道	ボールに当たらない。
主な原因	顔が上がり、カラダの開きも早い。
対　策	左足カカト寄りで踏み込み、左目でボールを見て上体の起き上がりを防ぐ。

はじめたばかりの頃は、練習していてもボールがまっすぐ飛ぶことの方が少ないかもしれません。それどころか、右へ左へ大きく曲がったり、はたまたコロコロ転がったり。これは誰もが通る道です。ここではダフリやスライス以外の陥りやすいミスショットの原因と対策を紹介します。

ミスショット4

シャンク

- **軌　道** 極端に大きく右に出る（練習場では右側の仕切り板に当たる）
- **主な原因** フェースが開き、ネックでインパクトしている。
- **対　策** 腕を力ませず、カラダの回転でスイングする意識をもつ。

ミスショット5

テンプラ

- **軌　道** 極端に高く上がる（主にドライバー）。
- **主な原因** 振り下ろす軌道から、フェースの上端でインパクトしている。ティーが高い。
- **対　策** 横から払い打つ意識でスイング。ティーの高さを調整する。

ミスショット6

チーピン

- **軌　道** 極端に大きく左に出る。
- **主な原因** 手打ちになり、フェースがインパクトで閉じている。左手でグリップを上から押さえつけるように握っている。
- **対　策** 手が先行しないようにカラダの回転を意識してスイング。左手は上ではなく、斜め左上からグリップを握る。

腕の脱力を覚えて
クラブに仕事をさせましょう

両足母指球で地面を
踏み込んだアドレス。

ヘッドが
自然に下がる

右足で地面を踏み込み
体幹を大きくねじる

右足のカカトで地面を強く踏み壁をつくり、そ
の上で体幹を大きくねじります。トップでは、
足に力は入っていますが腕は脱力しています。

トップで止まらず
左足での踏み込み

トップからダウンスイングへは切れ目なく移行
します。このとき腕が脱力しているとクラブの
ヘッドが自然に後方へ下がり、インサイドイン
軌道のダウンスイングが可能になります。

一般的に人は運動中に力を入れることはできますが、力を抜くことは苦手な傾向にあります。余計な力は"力み"となり、スイング軌道を不自然にします。ゴルフクラブが重力によって自然な軌道を描く（クラブに仕事をさせる）腕の脱力を覚えましょう。

左足一本でまっすぐ立つ
理想のフィニッシュ。

右ヒジがお腹の前を通っていく

ダウンスイングでは、右ヒジが曲がったままお腹の前を通ると、インサイドからヘッドが出る理想のスイングができます。

顔がまったく動かずスイングする

アドレスからフォロースルーまで顔の位置がまったく動いていません。再現性の高いスイングをするにはこのことがとても大切になります。

反動動作を利用すれば
今より遠くへ飛ばせます。

　女子プロ選手のなかには小柄ながらドライバーで250ヤード以上も飛ばす選手がいます。「腕力や体格なら自分の方が上回っているのに!」と思ってテレビを見ている人も多いのではないでしょうか。

　ゴルフで飛距離を出すには反動動作を巧みに利用する必要があります。反動動作とは、力を発揮する方向とは逆方向へカラダを動かすことです。これは「伸張‐短縮サイクル運動」（SSC運動）ともよばれ、大きなパワーを爆発的に発揮させるには欠かせません。跳躍する直前にしゃがんだり、ボールを投げる直前に腕を後ろに回したりする動作がこれに当たります。これらの動作は教わらなくても人は自然とおこないますが、それを無駄なくパワー発揮につなげられるかどうかは人それぞれです（これをもって技術ということもできます）。いうまでもなく、プロゴルファーは、この精度が極めて高く、生み出された力を無駄なくスイングへと変換できています。

　ゴルフスイングでの反動動作は、トップオブスイングで生じる体幹の捻転です。トップでは、上半身でバックスイングをしながら、下半身ではダウンスイング動作をはじめます。この下半身始動の瞬間に体幹の捻転は最大になります。ここから、伸びたゴムがすばやく戻るように、体幹のねじれもすばやく戻ることで爆発的なパワーが生まれます。トップから腕と腰が同時に回ると、体幹に捻転差が生じないのでスイングは加速せず、腕の力に頼ることになってしまいます。

Part 4

状況別スイング

この章では実際のラウンドに即したスイングを解説します。ドライバーからはじまり、ウッド、ユーティリティー、アイアン、ウェッジにパターと各クラブの状況別スイングを身につけましょう。

遠くへ飛ばすために
1打目で使います

一般的にはティーアップされたボールを打つときに使われるのがドライバーです。すべてのクラブのなかで最も飛距離が出ます。ただしシャフトが長いため、慣れるまではスライス軌道になりやすく、難しいと感じる人も多いでしょう。

Beginner's メモ

ティーアップできる範囲

2つのティーマークを横辺、そこから後方クラブ2本分を縦辺とした長方形内にティーアップします。

ドライバーはココで使う!

ティーショット

1打目を打つティーイングエリア内でティーに乗せたボールを打つときに使用するのが一般的です。

369

ドライバーの正しいアドレス

ドライバーはシャフトが長いので、下半身を安定させなければ振り切ることができません。そのためスタンスはすべてのクラブのなかで最も広げます。目安は肩幅よりやや広め。また、ボール位置は左足カカトの延長線上に置き、ヘッドが最下点をすぎてやや上がってくるあたりでインパクトをむかえます。これによりボールが上がりやすくなります。

やや右肩
下がりに
かまえる

スタンス
肩幅より
広め

ボール
左足カカトの延
長線上

Driver

ティーの高さ
フェースの上から
ボール半分が見
える程度

遠くに飛ばそうとしないほど まっすぐ遠くに飛びます

グリップを
残したまま
体重移動をはじめ、
ヘッドが下がる

スタンスを広くとり、
左足カカトの延長線
上にボールをセット。

カラダの右側で大き
な円を描くようにク
ラブを上げます。

体幹をしっかりひねっ
てトップをつくります。
顔は動かしません。

グリップ位置を動か
さずに左足へ加重し
ていきます。

ビギナーに限っていえば「遠くに飛ばしてやる!」という意識を捨てることがポイントになります。ドライバーのシャフトはとても長く、ただでさえ腕が力みやすいので、遠くに飛ばそうとすると、腕はさらに力みスライス軌道になるので注意しましょう。

フォローでも
胸の前で
三角形を保つ

右腰が前に出てきてから腕が遅れて下りてきます。

胸の前で三角形を保ったままインパクトします。

顔を下に向けたままヒジを伸ばしてフォロースルー。

左足1本でも立てるくらい加重してフィニッシュ。

右足を少し後ろへ引いて
ドローショットを狙います

ドローショットは、ボールがまっすぐ、またはやや右方向へ飛び出してから、左へ緩く曲がりながら落ちていきます。野球でいえば「カーブ」に近い軌道で、左側がOBだったり障害物があるときに有効な打ち方になります。

ドローショットの
打ち方

Point
- 右足を引いてクローズスタンス
- フェースはスクエア
- インサイドアウト軌道になる

右足を引くことで自然とインサイドからクラブが出るようになります。これによりフェースを閉じ気味にインパクトできドロー軌道になります。

スクエアスタンスの状態から、右足を半歩引いてクローズスタンスをつくります。フェースは斜めにせずスクエアにかまえます。スイングはいつもどおりで OK ですが、インパクトでボールを包み込むような意識をもつとよいでしょう。

■ ドライバーの状況別スイング❷　右に打ち込みたくない

左足を少し後ろへ引いて
フェードショットを狙います

フェードショットは、ボールがまっすぐ、またはやや左方向へ飛び出してから、右へ緩く曲がりながら落ちていきます。右側がOBだったり障害物があるときに有効ですが、曲がりがきついとスライスになるので注意が必要です。

フェードショットの打ち方

Point
- 左足を引いてオープンスタンス
- フェースはスクエア
- かるいアウトサイドイン軌道になる

左足を引くことで自然とアウトサイドイン軌道でクラブが出るようになります。これによりフェースを開き気味にインパクトできフェード軌道になります。

スクエアスタンスの状態から、左足を半歩引いてオープンスタンスをつくります。フェースはスクエアにかまえ、基本的にはいつもどおりのスイングですが、インパクトからフォローでフェースを閉じずにそのまま前へ出すような意識をもつとよいでしょう。

103

■ フェアウェイウッド／ユーティリティー

飛距離が欲しい2打目や
ティーショットでも使えます

ドライバーよりもかんたんで、アイアンよりも飛ぶのが、フェアウェイウッドとユーティリティーです。基本的にはライがよく距離のある2打目で使われることが多いですが、ドライバーに自信がない場合は、ティーショットで使ってみるのもよいでしょう。

フェアウェイウッド／ユーティリティーはココで使う！

・140ヤード以上ある2打目
・ティーショット

一般的にアイアンではグリーンまで届かないような距離のフェアウェイで使いますが、ライがよければ、ラフやフェアウェイバンカーでも使えます。

フェアウェイウッド／ユーティリティーの正しいアドレス

2つのクラブを比較すると、フェアウェイウッドの方がシャフトが長いため、アドレスはやや広がり、ボールも半個分ほど左足側になります。ただ番手にもよるので、この基準を目安に各自で調整してみましょう。

フェアウェイウッド

スタンス
7番アイアンより
靴1足分広め

ボール
カラダの中心から
ボール2個分左足側

ユーティリティー

スタンス
7番アイアンより
靴半足分広め

ボール
カラダの中心から
ボール1個半分
左足側

105

ソールが芝生上を滑るように インパクトゾーンを長く保ちます

カラダの中心からや や左足側にボールを セットします。

体幹をしっかり回転 させながらクラブを 上げます。

右腰を後ろに引き体 幹をひねってトップを つくります。

グリップを残したまま 左足カカト方向へ踏 み込みます。

アイアンにくらべてソールが分厚いフェアウェイウッドやユーティリティーは、芝生上を滑らせるようにして打つことがポイントになります。最初はシャフトが短く扱いやすいユーティリティーの方から練習してみるとよいでしょう。

グリップエンドが
後方を指しながら
下りはじめる

ソールを
滑らせるような
インパクト

腰が入れ替わりながら腕が遅れて下りてきます。

遅れてきたヘッドが追いつきインパクトします。

フォロースルーでも胸の前に三角形を維持します。

左足に加重してフィニッシュの形をつくります。

フェアウェイウッド／ユーティリティーの状況別スイング❶
ティーショット

絶対に曲げたくないティーショットで使う

ビギナーにとってドライバーはスライスしやすく難しいと感じることもあります。フェアウェイウッドやユーティリティーであれば、飛距離は落ちますが曲がりも抑えられるので、慣れるまではドライバーの代わりに使うのも有効です。

フェアウェイウッド／ユーティリティーの状況別スイング❷
フェアウェイ

グリーンまで距離のあるフェアウェイはマスト

アイアンではグリーンに届かないような距離（男性140ヤード、女性80ヤード程度）を残したフェアウェイであれば出番です。コントロールしづらい面もあるので、力一杯振るのではなく、リラックスして正確性重視のスイングを心がけます。

フェアウェイウッド／ユーティリティーの状況別スイング❸
ラフ

芝が短くボールが浮いているラフでも有効です

ラフに打ち込んだとしても、芝が短くボールが浮いているような場面では、フェアウェイウッドやユーティリティーでもよいでしょう。ただしボールの下に打ち込みたくないので、腕を肩の高さまでで止めるハーフスイングで、フェースを滑らせることを意識します。

フェアウェイウッド／ユーティリティーの状況別スイング❹
フェアウェイバンカー

アゴが低いフェアウェイバンカーもOKです

フェアウェイ横のアゴの低いバンカーであれば出番です。ただしボールが埋もれていないことが条件です。埋もれていればアイアンを使います。打ち方はグリップを少しだけ短く持ち、ハーフスイングを心がけます。ボールを無理にすくい上げようとせずに、横から払い打つようなイメージです。

約140ヤード以内の
あらゆる場面で使えます

どんな場面でも対応できるのがアイアンとウェッジです。飛距離はウッドやユーティリティーに劣りますが、技術が上達すれば、ピンそばにピタリと寄せるなど正確なショットが打てるようになります。

アイアン／ウェッジはココで使う！

•140ヤード以内の
あらゆる場面

ビギナー男性の5番アイアンの飛距離が140ヤード前後なので、それ以内の距離であればあらゆる場面で使うことができます。それ以上の距離は、ライにもよりますがユーティリティーがよいでしょう。

ラフも！

バンカーも！

フェアウェイも！

アイアン／ウェッジの正しいアドレス

2つのクラブを比較すると、アイアンの方がウェッジよりもシャフトが長いため、アドレスはやや広がり、ボールも左足寄りになります。これはすべてのクラブで共通ですが、「シャフトが長いほどスタンスは広がり、ボールは左足寄り」になります。

7番アイアン

Iron

スタンス
肩幅程度

ボール
カラダの中心
〜ボール半個分
左足側

Sand

サンドウェッジ

スタンス
肩幅より
やや狭い

ボール
カラダの中心

wedge

111

力任せに振るのではなく
正確性と再現性を重視します

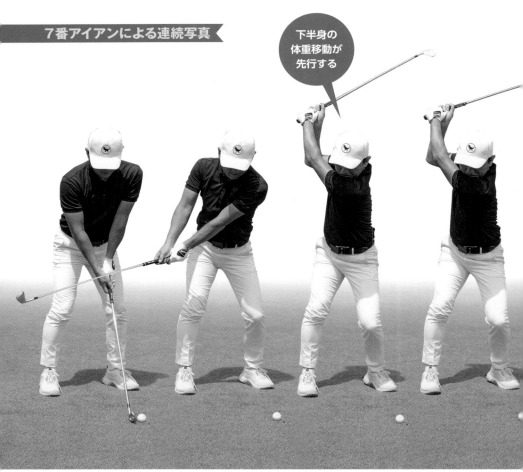

7番アイアンによる連続写真

下半身の
体重移動が
先行する

カラダの中心〜ボー
ル半個分左足側にボー
ルをセット。

カラダの右側で大き
な円を描く意識でク
ラブを引き上げます。

右骨盤を後ろに引い
て体幹をひねりトップ
をつくります。

グリップ位置を固定し
たまま下半身の体重
移動が先行します。

アイアンやサンドウェッジはグリーンを狙えるような場面で使うことが多く、ショットには飛距離よりも正確性や再現性が求められます。毎回同じ距離や角度に打つためには、力任せのスイングではなく、カラダの軸を意識したスイングを心がけましょう。

ヒジを
曲げずに
フォロースルー

骨盤が入れ替わりながら腕が遅れて下りてきます。

顔を下に向けたままヒジを伸ばし、鋭くインパクトします。

胸の前に三角形を維持したままフォロースルーをします。

左足1本で立つようなフィニッシュをつくります。

113

グリップを短く握り
ハーフスイング気味に振ります

つま先上がりではインパクト時にフェースが自然に閉じるため、左に飛びやすくなります。傾斜が強いほどこの度合いは増すので、傾斜角に合わせてカラダを目標物方向からやや右側へ向けてアドレスします。

ボールが左に
飛びやすいので
やや右を向く

こんな状況で使う！

つま先上がりの
傾斜のとき

グリップは
短く握る

つま先加重で
傾斜なりに立つ

前傾を保てないと背中側に倒れスイング不安定になるので注意しましょう。

■ アイアンの状況別スイング❷ つま先下がり

スタンスをやや広めにして
お尻を落として打ちましょう

つま先下がりはインパクト時にフェースが開くため右に飛びやすく難易度が高いショットになります。そのためカラダを目標物からやや左側へ向けてアドレスします。またお尻を落としてバランスをとる必要があります。

こんな状況で使う！

つま先下がりの傾斜のとき

ボールが右に飛びやすいのでやや左を向く

お尻を落とし体重移動は抑える

カカト加重で傾斜なりに立つ

体重移動を抑え、左足を伸ばし切らずにスイングを完結させる。

カラダの軸を垂直に保ったまま インパクトしましょう

左足上がりは自然とボールが上がるので難易度の低いショットといえます。ポイントはカラダの軸を地面に対して垂直にすることです。体重移動は抑えて、最後まで軸の角度を保てるように意識しましょう。

こんな状況で使う！
左足上がりの傾斜のとき

体重移動はせずに
スイングを
完結させる

飛距離が
出ないので
番手を1つ
上げる

左足加重で
傾斜なりに立つ

1

2

3

右足に体重が乗りすぎないように、常に左足加重でスイングします。

■ **アイアンの状況別スイング❹　左足下がり**

低い弾道をイメージして
低く振り抜きましょう

左足下がりは低く振り抜かなければ正確にインパクトできないため難易度が高くなります。しかしそれを意識しすぎるとダフり、逆にボールを無理に上げようとするとトップすることが多くなるので注意しましょう。

こんな状況で使う!
左足下がりの傾斜のとき

フォロースルーを低く出す

飛距離が出やすいので番手を1つ下げる

左足加重で傾斜なりに立つ

1

2

3

ボールを無理にすくい上げようとせずに、傾斜なりにフォロースルーを低く出します。

117

力むことなく基本どおりのスイングを心がけます

ラフの中にも浅いラフと深いラフがあります。浅いラフでボールが芝の上に浮いているような状況であれば、基本どおりのスイングで問題ありません。ティーアップされたボールを打つようなイメージでスイングしましょう。

こんな状況で使う！

芝が浅いとき

Point
- ティーショットのイメージ
- ボールを無理に上げようとしない
- 横から払うように打つ

1 基本どおり、腕と体幹を同調させてクラブを上げます。

2 トップをつくると同時に下半身始動で切り返します。

3 ボールを横から払い打つようにインパクトへ向かいます。

4 無理に上げようとせず自然にフォローからフィニッシュ。

■ アイアンの状況別スイング❻　深いラフ

遠くへ飛ばすことよりも
脱出を最優先させます

ボールが埋まるほどの深いラフは、ボール手前にも芝がありやっかいです。グリップを短く握り、芝の抵抗に負けないよう強く振り抜きましょう。場合によっては、飛距離はあきらめサンドウェッジで脱出を優先させます。

こんな状況で使う！
芝が深いとき

Point
- グリップは短く握る
- 鋭角に打ち込む
- ボールが隠れていたら脱出優先

短く握る

1 グリップを短く握り、ボールを真ん中〜わずかに右足側にセットします。

2 ヒザはある程度曲げ、両足で踏ん張りながらバックスイングします。

3 芝の抵抗に負けないよう強く鋭角にダウンスイング。

4 よくばらずにしっかり振り抜き脱出できたらOKとします。

バンカー = サンドウェッジ とは限りません

フェアウェイ横にあるアゴの低いバンカーで、ボールが埋まっていないときはユーティリティーやアイアンを使います。ここではダフりたくないので、グリップを短めに握りボールの中心から上に当てる意識で振り抜きます。

こんな状況で使う！

フェアウェイバンカー時

Point
- ボールが浮いていたらユーティリティーやアイアンを使う
- ボールの中心から上に当てる
- ボールが埋まっていればアイアンやウェッジ

短く握る

1 グリップを短めに握り、ボールはカラダの真ん中にセットします。スタンスは肩幅よりやや広げます。

コンパクトに振る

2 砂に打ち込みたくないので、フルスイングではなくややコンパクトなスイングを心がけます。

すくい上げる 意識が強いと ダフる

バンカーに入ると、すくい 上げるように右足加重のま まスイングする人がいます が、これはダフリの原因に なります。しっかり左足に 体重を移し、ボールの真 ん中から上に当てる意識で スイングしましょう。

○

左足に体重 が移る

×

右足に体重 が残る

ボールの上半分に当てるイメージ

3 少しだけトップさせるような意識で、ボール の真ん中から上に当てて振り抜きます。

4 フォロースルーからフィニッシュも大振りせ ずにコンパクトにまとめます。

アゴの高いバンカーは
ボール１個分手前を叩きます

グリーン周辺にあるアゴの高いバンカーはサンドウェッジを使います。一見難しく思える状況ですが、コツさえ押さえれば１回で脱出できるようになります。ポイントは、体重移動はせずにボールの手前に打ち込むことです。

こんな状況で使う！
ガードバンカー時

Point
- サンドウェッジを使う
- 鋭角に入れボールの１個分手前を打つ
- 砂ごと運び出す意識で打つ

1 ボールは真ん中からやや左足寄りにセットし、フェースを開いてかまえます。

2 体重移動は抑えてバックスイングをします。ここでしっかりとコックを入れます。

ボール 1個分手前に 打ち込む

ガードバンカーは手前に打ち込み砂ごと運び出すイメージで打ちますが、手前すぎてはダフるだけでボールが上がりませんので注意しましょう。また、このときフェースは開き気味にしておくことも大切になります。

○

ボール 1個分手前

×

ボール 3個分手前

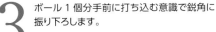

3 ボール1個分手前に打ち込む意識で鋭角に振り下ろします。

4 砂ごとバンカーから運び出すような意識で振り抜きます。

123

グリーンまで障害がないなら ランニングショットです

グリーン付近にボールがあり、カップとの間に障害がないときは低く飛ばして長く転がすランニングショットが有効です。キャリーとランの割合は3対7になるイメージです。番手は9番アイアンやピッチングウェッジでおこないます。

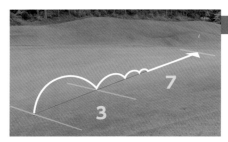

こんな状況で使う！

長く転がしたいとき

Point
- 9番アイアンやピッチングウェッジを使う
- グリップは短く握り、手首の角度を固定
- 振り幅は8時4時が目安

ボールは右足親指の前

1 スタンスは狭く、ボールは右足の親指の前にセットします。

コックを入れない

2 バックスイングは8時程度で止め、コックは入れません。

振り幅と加重具合で距離を調整

10〜30ヤードほどの短い距離は体重移動をせずサンドウェッジを使い、振り幅と両足への加重具合で距離を調整します。右の表は一例であり、程度には個人差があるので自分に合う振り幅と体重配分を見つけましょう。

距離	振り幅	両足の加重
10ヤード	7時5時	左足8：右足2
20ヤード	8時4時	左足7：右足3
30ヤード	8時4時	左足6：右足4

3 右手首を返したりすることなく、固定したままインパクトします。

手首を返さない

4 腕の三角形を維持したまま、手首を返さずにフォロースルーします。

手前に障害があるなら ピッチ＆ランです

グリーン手前にバンカーなどの障害があるときは、障害を越してから転がすピッチ＆ランが有効です。キャリーとランの割合は5割ずつになるイメージです。番手はアプローチウェッジやサンドウェッジでおこないます。

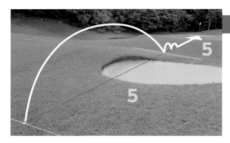

こんな状況で使う！

浮かせてから転がしたいとき

Point
- アプローチウェッジやサンドウェッジを使う
- グリップは短く握る
- 振り幅は9時3時が目安

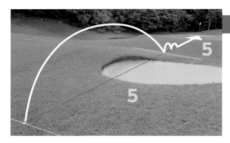

ボールは
右足寄り

1 スタンスは肩幅より少し狭め、ボールは右足寄りにセットします。

2 短く握ってバックスイングは9時の高さを目安にします。

3 腕の力ではなくカラダの回転で振り子のようにゆっくり大きくインパクト。

手首を
返さない

4 ボールを上げようと無理に手首を返さずフォロースルー。

■ ウェッジの状況別スイング❹　高く浮かせて止めたい

障害を越えて止めたいときはピッチショットです

グリーン手前にバンカーなどの障害があり、さらにピンまでの距離が近いときは、障害を越えてから止めるピッチショットが有効です。キャリーとランの割合は7対3になるイメージです。番手はサンドウェッジでおこないます。

こんな状況で使う！

高く浮かせて止めたいとき

Point
- サンドウェッジを使う
- 低い姿勢を保つ
- フェースを開き、振り幅は9時3時が目安

ボールは真ん中

1 スタンスは肩幅程度でややオープン気味。ボールは真ん中にセットします。

2 フェースを少し開き気味にして、低い姿勢のまま9時を目安にバックスイングします。

フェースを開く

3 右手首を無理に返すことなく、ヘッドの重さを利用してインパクトします。

4 フィニッシュまで振り切らずに、ハーフスイング気味で止まる意識でOK。

グリーン上でボールを 転がすときに使います

グリーン上で転がしてカップを狙うときに使うのがパターです。理想は各ホール2パット以内ですが、ビギナーはカップを行ったり来たりして3パット以上になることがよくあります。感覚に頼らず基本を押さえたパッティングを身につけましょう。

パターはココで使う！

- ## グリーン上
- ## カラーから転がすとき

基本的にはグリーン上でカップまで転がして入れるときに使います。また、グリーン周りのカラーから転がすときに使うこともあります。

パターの正しいアドレス

パターのアドレスやグリップは人それぞれで正解はないといわれていますが、ここでは最もオーソドックスなタイプを紹介します。アドレスはヒジをかるく曲げ、腕で五角形をつくり手首を固定します。パターでは手首を返すことがなく、腕から一体となり振り子のようにスイングします。グリップの握りはプロでも十人十色なので、さまざまな形を試して自分に合うものを見つけましょう。

ヒジを
かるく曲げて
五角形を
つくる

スタンス
肩幅より
やや狭い

ボール
左目の下

Putter

グリップの握り方

オーバーラッピング

ほかのクラブと同じように握るので、違和感がなくスイングできるでしょう。

逆オーバーラッピング

左手の人差し指を右手小指に乗せます。両手が一体化しやすいとされています。

クロスハンド

両手の上下を入れ替えます。フォロースルーを長くとることができます。

腕と胸の五角形を保ったまま
振り子のようにスイング

手首は
ロックして
動かさない

ヒザをかるく曲げて
左目の下にボールを
セットします。

フェースのスクエア
を維持したまま真後
ろへ引きます。

腕の五角形とフェー
スのスクエアを維持
してバックスイング。

バックスイングの大
きさはカップまでの
距離で変わります。

パターではこれまでのクラブとは違い、下半身の体重移動をおこないません。また手首も固定して、振り子のように機械的にスイングします。またスイング速度も加速することはなく、バックスイングからインパクトまで一定の速度でおこないます。

カラダの軸を
まっすぐ保つ

振り子のようにブレることなく一定のスピードで動かします。

フェースのスクエアを維持してインパクトします。

フォロースルーでもフェースをボールに向けます。

顔をすぐに上げずフォロースルーを低く長めにとります。

3方向から傾斜を確認して ラインを読みましょう

グリーンには傾斜や段差があるため、まっすぐ打つだけでは入らないことが多々あります。パットの成功率を高めるにはラインを正確に読むことが欠かせません。ここではそのためのポイントを解説します。

1 歩きながらグリーンの高低差を確認

グリーンの高低差は、グリーン上から見るよりも、少し離れて見た方が認識しやすいです。そのためグリーンに向かって歩くときは、一番高い場所と低い場所を確認し、大まかなラインを予測するクセをつけましょう。

2 正面・横・後ろの3方向からチェック

グリーンの傾斜を読むときは、複数の方向から確認した方がより正確性が増します。ボールの後ろからは傾斜がわかりやすいですが、高低差は真横から見た方がわかりやすいです。また時間に余裕があれば、カップ後方からも見てみると微妙な起伏がわかるでしょう。

3 曲がり幅を決める3要素

❶傾斜
傾斜角が大きいほど大きく曲がります。

❷タッチ
ボールを強く打つほど傾斜の影響を受けづらく（曲がりづらい）、弱いほど影響を受けやすく（曲がりやすい）なります。

❸芝の長さ
芝が長いほど抵抗がかかるので、転がりづらく曲がり幅も抑えられます。

4 迷ったらラインは厚めが吉

ライン読みに悩んだときは、多少厚めに打つとよいでしょう。厚めとは曲がり幅を多く見積もることです。厚く読みカップよりも高い位置を通ることを「プロライン」、低い位置を通ることを「アマライン」とよびます。

プロライン
オーバーでもカップにかすり入る可能性があり、また外れても止まりやすい。

アマライン
届かないので入る可能性がなく、外れると大きく転がってしまいます。

133

長い距離は直接狙うよりも寄せる意識で打ちましょう

5m以上のロングパットではカップを直接狙って打つと、力みなどからオーバーやショートしやすくなります。カップの1m以内に寄せる意識でリラックスして打った方が、結果としてスコアがまとまりやすいでしょう。

こんな状況で使う！

カップまで5m以上あるとき

Point
- フェースをスクエアに出す
- 1m以内に寄せる意識をもつ
- すぐに顔を上げない

1m以内に寄せる意識でリラックスして打つ

1m以内

リラックスした
アドレス

肩に力が入った
アドレス

遠くのカップを狙って打とうとすると、肩に力が入りやすくなります。これではフェースがブレたり、振り幅の調整が効かなくなってしまうので注意しましょう。

ロングパットは1度で入れようとしない方がベターです。まずは距離感を合わせて1m以内に寄せられるようになりましょう。

■ **パターの状況別スイング❷　カップまで1m以内**

短い距離の上りは
多少強めに打ちましょう

上り傾斜で1m以内の距離が残ることはよくありますが、ビギナーはここで慎重になり次の1打でもカップに届かないということがあります。短い上りは多少強気に打ってもカップ奥の縁に当たって入りやすいので恐れずに打ちましょう。

こんな状況で使う!

カップまで1m以内の
上りのとき

Point
- フェースをスクエアに出す
- 多少強気で打つ
- すぐに顔を上げない

フォロースルーで顔をすぐに上げない

インパクト後はすぐ顔を上げずにフォロースルーを長く低く保てるように意識することで、フェースをスクエアに出すことができます。

フォロースルーで
顔が上がる

ボールの行方が気になりすぐに顔が上がると、インパクト後半からフォロースルーにかけてフェースも上がってボールをまっすぐ押し出せません。

ラウンド前の練習グリーンで その日の基準をつくります

グリーンの芝の質や長さはゴルフ場によって異なります。また同じコースであっても季節や気候によって大きく変わります。そのためラウンド前には必ず練習グリーンでその日の振り幅の基準を作るようにしましょう。

準備 1

その日の5歩分の振り幅を確認

カップから5歩の地点からどれくらいの振り幅で打てば届くのかを確認します。グリーンに傾斜のないフラットな面でおこないましょう。

準備 2

10歩分の振り幅も確認

次に10歩の地点からも同じように振り幅を確認しましょう。時間に余裕があれば15歩も確認してみるとよいでしょう。

準備 3

4つのラインで転がり具合を確認

グリーンには「上り・下り・スライス・フック」の4つのラインがあります。それぞれ練習グリーンで速度や曲がり具合を確認してある程度の基準を作っておくとよいでしょう。

右ヒジがお腹に触れそうなほど
近くを通せたら上級者です。

　ビギナーゴルファーの最大の悩みは何といってもスライスでしょう。この原因は大小さまざまありますが、スライサー全員に共通することはアウトサイドイン軌道になっているということです。もし、今自分のスイングを後方（右利きなら右手側）から撮影した動画があれば確認してほしいのですが、スライスに悩んでいる人は、ダウンスイング時に右ヒジがお腹から離れ、伸び気味になっているはずです。同じように動画でプロゴルファーのスイングを見られる人は、その距離や角度を確認してみてください。右ヒジがお腹に触れるほど近くを通り、角度も曲がっていることに驚くことでしょう。

　この動作は無意識でおこなえるものではありません。むしろ、カラダに無理がないという意味では、カラダから離してヒジを伸ばした方が自然かもしれません。この無意識でおこなえないという点がビギナーがスライスする大きな原因だと思われます。そのため、この技術を習得するためには意識的に練習をくり返すほかないのです。

　さらに、この右ヒジをお腹の近くに通す動作にはもうひとつメリットがあります。それは右腕で大きな力を発揮できるということです。人はヒジを曲げている方が腕力を発揮できます（ヒジを伸ばして腕相撲をするより曲げた方が力を出せることは容易に想像できます）。

　つまりダウンスイング後半からインパクトへ向かって曲がった右ヒジがお腹の近くを通ることで、ボールを押し込む強い力を発揮できるのです。難しい動作ではありますがレベルアップしていくためには大切な技術になります。

Part 5

基本の
ゴルフマナー

ゴルフコースやクラブハウスでは守るべきマナー
やルールがあります。コースデビューの前に知っ
ておいた方がよいものもたくさんあるので、ここで
厳選して紹介します。

キャディバッグとは別に もう1つバッグを用意しましょう

ゴルフ場へ行くときはゴルフクラブを入れるキャディバッグを用意するのは当然ですが、着替えなどを入れるボストンバッグも必要になります。ゴルフ場によっては、バックパックではマナー違反になるので注意しましょう。

最低限キャディバッグに入れておく物

キャディバッグにはラウンド中に必要になるものと、その予備を入れておきます。
必ず使う物なので、前日までにしっかり確認しておきましょう。

☑ **ゴルフクラブ**
最大で14本まで入れることができます。ビギナーのうちは7本前後で十分でしょう。

☑ **ゴルフボール**
OBや池に打ち込んで紛失することがあるので、余裕をもって20個は用意しておきましょう。

☑ **グローブ**
汗や雨で濡れてしまうことがあります。クラブハウスでも購入できますが、予備を用意しておきます。

☑ **ティー**
ティーをなくすことはよくあります。余裕をもってロングを20本、ショートを10本程度用意します。

☑ **マーカー**
グリーン上で使用します。予備も含めて2〜3個ほど入れておきます。

☑ **グリーンフォーク**
グリーンの修復で必要になります。1つあれば十分でしょう。

☑ **タオル**
汗を拭いたり、ボールを拭いたりするためのタオルを用意しておきます。

別のバッグに入れておく物

多くのゴルフ場ではキャディバッグは到着時に預けるので、もう1つ
「ゴルフ用ボストンバッグ」を用意します。ゴルフ用であれば、ロッ
カールームに入る幅でつくられているので安心です。

☑ **ゴルフシューズ**
ゴルフ用ボストンバッグであれば、シュー
ズスペースがあるタイプもあります。

☑ **キャップ**
キャップかサンバイザーの着用はマナー
のひとつです。忘れずに持参しましょう。

☑ **帰りの着替え**
男性の場合、行きはゴルフウェアにジャ
ケットを羽織ったスタイルで、帰りは私服
ということが多いです。

あると便利な物

プレーをするうえで必ず使うというわけではありませんが、
キャディバッグに入れておくと便利な物を紹介します。

お菓子
ラウンド中にお腹が空いてしまわな
いように、ちょっとした甘い物があ
ると良いでしょう。

小銭入れ
ラウンド中に喉が渇いたとき、小銭
があればコース途中にある自動販
売機で飲料を購入できます。

サングラス
日差しが強い日にはあると便利で
しょう。

虫除けスプレー
夏場にプレーする場合は1つあると
安心です。

日焼け止め
5月頃から紫外線は強くなるので、
気になる人は用意しておきましょう。

カイロ
冬場のゴルフでは必須になります。

レインウェア
山の天気は変わりやすいので1つ用
意しておくと安心です。冬場は防寒
着としても役立ちます。

Beginner's メモ

距離計測器

コース横には大まか
な残り距離を示す杭
がありますが、レー
ザータイプの距離計
測器があると正確に
残り距離を知ることが
できます。

多くのゴルフ場には
ドレスコードがあります

近年は比較的ラフな格好でもOKなゴルフ場が増えてきましたが、名門といわれる格式高いゴルフ場や、目上の人とラウンドするときはドレスコードを正しく守ることが望ましいでしょう。ここではその一例を紹介します。

クラブハウスへ行くときの服装

ビジネスカジュアルウェアが基本になります。トップスは、夏場を除きジャケット着用が基本です。Tシャツやジーンズ、サンダル履きなどでクラブハウスへ行くと、プレーできないこともあるので注意しましょう。

クラブハウス内ではTシャツにハーフパンツ、首にタオルを巻くなどの格好は禁止されています。

ラウンドするときの服装

ラウンド中は襟つきのシャツを着用し、シャツの裾はズボンの中に入れます。またキャップかサンバイザーは安全のためにも必ずかぶります。清潔感があり、そのうえで動きやすさや速乾性の高いウェアを選ぶとよいでしょう。

ゴルフウェアにジャケットを羽織るのは原則OK

接待ゴルフではない場合、男性はゴルフウェアにジャケットを羽織ってクラブハウスへ向かい、すぐに練習するという流れが多いですが、クラブハウスによってはゴルフウェアでの入場が禁止されていることもあるので事前に確認しましょう。

ゴルフは時間の管理が とても重要なスポーツです

ゴルフ場ではタイムスケジュールが決まっています。一般的にはまず9ホール回り、ランチをしてから残りの9ホールという流れになります。「お腹が空いてきたらランチにしよう」というように、自由には決められないので注意しましょう。

🕐 当日の流れ

AM 7:00

到着・受付

多くのクラブハウスでは、まず車寄せでキャディバッグを係の人に渡します。その後駐車場に車を停めてフロントで受付をします。

AM 7:20

キャディマスター

進行管理をする施設。ここでスタート時間を確認し、必要に応じて乗用カートやキャディの確認、スコアカードや鉛筆、マーカーなどを入手します。

AM 7:15

ショップ・ロッカールーム

受付でロッカーキーを受け取り、ロッカールームでゴルフウェアに着替えます。また不足している物があればショップで揃えます。

AM 7:25

練習場・練習グリーン

多くのゴルフ場には練習場があるのでウォームアップをします。また練習グリーンでは、その日の球の転がり具合を確認します。

AM 8:00

前半スタート！

10分前には集合します。打つ順番を決め、お互いのボールを確認して、すぐにスタートできるようにしておきます。

AM 10:15

ハーフ終了・ランチ

ハーフの所要時間の目安は2時間から2時間15分。ハーフ終了後はクラブハウスでランチをします。美味しい食事を楽しみましょう。

AM 11:15

後半スタート！

前半「OUT」コースを回ったら、後半は「IN」コースを回ります。トイレなどを済ませ、10分前にはティーイングエリアに集まります。

PM 1:30

18ホール終了

クラブハウスに戻り、クラブなどの置き忘れがないか確認し、書類にサインをします。18ホールを4時間30分以内が目安になります。

PM 1:45

入浴

ラウンド後はお風呂に入ってスッキリしましょう。多くのクラブハウスでは、シャンプーやタオルなどは用意されています。

PM 2:30

精算・解散

フロントでロッカーキーを返却して精算します。同伴者に、「また一緒に回りましょう！」と思われるラウンドができたら上出来です。

初ラウンドではスコアよりも
プレーテンポが大切です

すべてのゴルファーが共有しなければならない考え方に「Play Fast」があります。これは文字どおり「すばやくプレーする」という意味ですが、焦ってプレーする必要はありません。ここではその心得を解説します。

プレーファストって何？

その日、そのゴルフ場でラウンドしているのはあなただけではありません。次の組、またその次の組と、多くの人が分刻みにプレーをします。もし、どこかの組でプレーが遅れてしまうと、その後のすべての組が少しずつ遅れてしまいます。だからこそ、すべてのゴルファーは、一つひとつの行動をすばやくこなす「プレーファスト」という考え方を共有しなければなりません。

プレーファストを知らないビギナーが起こす負の連鎖

はじめてのラウンドで緊張。スコアを気にして慎重にプレーし、1打ごとに同伴者を待たせる。

⬇

経験豊富な同伴者は、最初のうちは自分のプレーをすばやく終わらせ時間を調整。

⬇

「プレーファスト」を知らないビギナーはいつまでもマイペースにプレー。

⬇

後続の組も接近し、同伴者は徐々にイライラ。

⬇

ついには後続の組を待たせることに。同伴者はさらにプレーを急ぎ、精度が落ちる。

⬇

後続の組も、さらに後続の組に急かされながらプレーをすることに。

ビギナーは自分のスコアを気にするよりも、まずはプレーファストができているかを考えなければいけません。これができていればどれだけスコアが悪くても、同伴者には悪い印象を与えません。むしろ、スコアに一喜一憂せず、プレーファストをやり遂げる姿勢に好印象を抱くことでしょう。

ビギナーがスロープレーになる理由

はじめてのゴルフで打数が多くなることは当たり前です。これによってプレーが遅れることは想定内です。しかしプレーファストができていない人は、それ以外の時間の使い方に問題があります。

理由 1　効率よく立ち回れない

ボールとキャディバッグの間を何往復してクラブを変えたり、前の同伴者が打ってから自分のクラブを取り出したりと、先を読んで行動することができていないためにプレーが遅れてしまいます。

理由 2　動作が慎重になりすぎている

何度も素振りをしたり、グリーン上ではラインを読むために熟考したりと、1打のための時間をかけすぎると、その積み重ねで遅れてしまいます。

理由 3　ボールを探す時間が長い

打つたびにボールを探しているようでは遅れてしまうので、常にボールの行方には目を向けておきましょう。もしOB方向へ打った場合は暫定球を打ち（P.150参照）、ボール探しは3分以内に見切りをつけます。

スタートホールの打つ順を速やかに決める

スタートホールでは速やかに打つ順番を決めます。ティーを投げて先端が向いた人から時計回りに打つか、じゃんけんやティーイングエリア脇にあるクジ棒で決めるのが一般的です。

使うボールを事前にメンバー同士で確認

誤球防止のためにボールを確認します。ボールにはブランド名と、識別のために一桁の数字が記載されています。数字自体に意味はありませんが、同伴者と同じブランドの場合は、この数字を頼りに識別します。

ボールとティーを一緒につかんでティーアップする

ティーを刺してからボールを乗せると落ちることがあり、時間効率も悪くなります。一緒につかんで刺せば落ちることもなく、時短になります。

148

プレーファストの心得 4

スタート時間とはアドレスに入る時間のこと

8時スタートの場合、最初に打つ人が8時にアドレスに入ります。つまり **心得 3** まではそれ以前に完了しておく必要があります。集合時間とスタート時間を混同しないように注意しましょう。

プレーファストの心得 5

同伴者が打つときは視界に入らない場所に立つ

同伴者がティーショットをするときは、動いたり音を立ててはいけません。またティーショットをする人の前後に立ったり、ボールより前に立つのは避けます。マナーを守り、全員が速やかに気持ちよくティーショットを打てるように心がけましょう。

NGゾーン

打つ人

NGゾーン

OB方向へ打ち込んだ場合は宣言をして暫定球を打つ

暫定球を
打ちます！

ショットしたボールが OB になる可能性が
あるときは、「暫定球を打ちます」と宣言
して、同伴者が打ち終わった後にもう1
度ショットをします。最初のボールが OB
でなければ無罰で、OB（1 打罰）だっ
たら暫定球でプレーを続けます。

グリーンまでの距離をヤード杭で把握しておく

200ヤード　150ヤード　100ヤード

コース脇には残り距離を示すヤード杭が
設置されているので、自分のボールの位
置から残り距離がどの程度なのか把握し
ておき、用意するクラブを事前にイメー
ジしておきましょう。

2打目からは想定クラブ数本持ってボールの元へ

キャディバッグとボール間を何往復もす
るのは時間の無駄になりますので、想定
されるクラブを中心に前後 1 本ずつ持っ
てボールの元へ行きましょう。

プレーファストの心得 9
歩いた方が早いときはカートに乗らない

経験者とビギナーでは、飛距離には大きな差があります。同伴者がカートに乗っても、自分のボールの位置は歩いた方が早いという場合は、クラブを数本手に取り小走りでボールへ向かいましょう。

プレーファストの心得 10
ホールアウトしたらクラブを持って速やかに移動する

ホールアウトした後に、グリーン付近で反省会したり、スコアの記入をすると後続組のプレーの妨げになります。クラブの置き忘れなどがないかを確認したら、速やかに移動しましょう。スコア記入は移動後におこないます。

ラウンド中に起こったことには必ず対処する方法があります

ゴルフのルールはとても細かく、ラウンド中に起こったことに対してはすべて対処法があります。ここではよく起こる事柄と、その対処法を紹介しますので、慌てずにスマートな対応ができるようになりましょう。

※本書で紹介するもの以外にも、コース独自のローカルルールがあるので、プレー前に確認しておきましょう。

こんなときはどうするの!? 1
ダフってしまい芝生がめくれた！

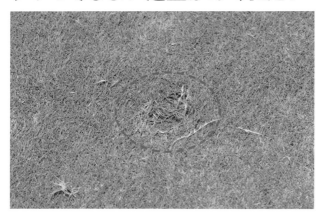

ショットによって芝が削れることがあります。この跡を「ディボット跡」とよびます。ディボット跡は、削った本人が目土を入れてならすことで修復するのがマナーです。目土は通常カートに備えてあります。

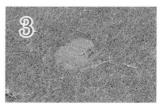

1 カートに備え付けの目土をディボット跡に投入。2 足で踏み平らにならします。3 凸凹がなくなれば完成。A 平らにならせば芝生が横から伸びてきます。B ディボット跡を見つけたら、自分が作ったものでなくても目土を入れておきましょう。

こんなときはどうするの!? 2
打ったボールが見つからない！

打ったボールが見つからないときは、同伴者も含めてみんなで探します。しかし探す時間はルール上3分以内です。見つからなければ、ロストボールのルールが適用され1罰打となり、その球を打った地点に戻って打ち直しになります。そのため、ボールが見つかりそうもないエリアへ打ち込んだときは暫定球（P.150）を打っておきましょう。

こんなときはどうするの!? 3
打ったボールがカート道路上で止まった！

カート道路上やマンホール上に止まった場合は、罰打なしで救済を受けられます。具体的には、現状のボール位置から、カップへ近づかずに打つことができる最も近い地点（ニヤレストポイント）を決め、そこから半径がクラブ1本分（通常ドライバー）の円内でホールに近づかない範囲にヒザの高さからボールをドロップして再開になります。

1 カップに近づかず、一番近い芝生にマークします。**2** そこからクラブ1本分を半径とした円内で、カップに近づかない範囲が救済エリア。**3** 救済エリア内でヒザの高さからボールをドロップして再開。

できれば入れたくないけれど入ったときには実践しましょう

芝生とは違い、バンカーには砂ならではの守るべきマナーがあります。とくに砂を均一にならす「レーキ」という器具は、バンカーに入ったら必ず使用することになるので、扱い方を覚えておきましょう。

バンカーのマナー 1
アゴの低いところから入る

バンカーの縁をアゴとよびます。グリーン周りのバンカーはアゴが高く急斜面になっていることがあります。このようなバンカーへは、できるだけアゴの低いところから入ります。急斜面から入ると砂が崩れることがあるので、打った後にならすのが大変です。

バンカーのマナー 2
アドレスでヘッドを砂につけてはいけない

アドレス時やバックスイング時にクラブヘッドを砂につけてしまうと、ボールの手前の砂を取り除いたと見なされ、それが故意でなくても2罰打になります。

バンカーのマナー 3

打った後はレーキできれいにならす

打ち終わったらレーキとよばれる器具を使って砂をならします。まずはレーキの爪がある方で大まかにならし、その後はレーキの平らな方で均一にします。ボールが通った跡と自分の足跡がなくなれば OK です。使用後のレーキは置いてあった場所に戻します。

1 レーキの爪がある面で遠くから砂を集めます。2 レーキの平らな面で集めた砂をならします。3 自分の足跡を消しながらバンカーから出ます。

バンカーのマナー 4

出せないときは+2打で回避できる

アゴの下などにボールがあり、どうしても打ち出せないときは、「アンプレアブル」を宣言し、2罰打を受けることでピンとボールを結んだ線上のバンカー外後方から打ち直すことができます。

※バンカーの救済措置は他にもあるので、ルールを確認しておきましょう。

グリーン上では守るべきマナーがあります

グリーン上では走らない、跳ねない、または自分が打つときに時間をかけすぎないなどのマナーは当然のことですが、ほかにも守るべき事柄がたくさんあります。ここではビギナーでも絶対に覚えておきたいものに絞って紹介します。

グリーンのマナー 1
ボールマークはグリーンフォークで修復

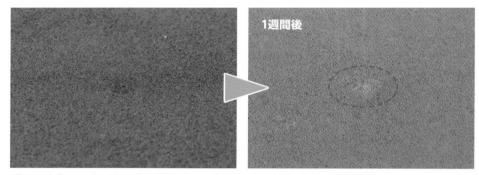

1週間後

ボールがグリーン上で強くバウンドすると、グリーンが凹むことがあります。これをボールマークとよびます。放っておくと1週間程度で芝生が枯れてしまうので、グリーンフォークを使って修復する必要があります。コツは凹みを戻すのではなく、周囲の芝生を寄せることです。

1 ボールマークの周囲にフォークを刺します。2 フォークを立てて、芝生をボールマークへ寄せます。3 最後にパットで押さえつけてならします。

グリーンのマナー 2

グリーンに乗ったらマークする

自分のボールがグリーンに乗ったら、同伴者のパッティングを邪魔しないためにも、ボールの真後ろにマーカーを置いて拾い上げます。マーカーを置く前に拾い上げないように注意しましょう。拾い上げたボールはタオルで汚れを拭き取りましょう。

グリーンのマナー 3

同伴者のパットラインにかかるならマーカーをずらす

同伴者のパットライン上に自分のマーカーがある場合は、ルールに従ってマーカーをずらします。ずらす方向は同伴者に指示を仰ぎます。同伴者が打ち終わりマーカーを戻すときは、ずらした手順を遡ります。

1 木など目印となる固定物を見つけます。**2** 現状のマーカーにパットのヒール側を合わせ、パターの先端を目印に向けます。**3** パターの先端にマーカーを置き直します。

同伴者のラインを踏まない、またがない

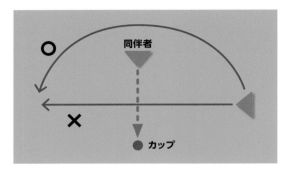

グリーン上を歩くときは注意が必要です。同伴者のパットラインになるであろう場所は通らずに、同伴者の後方へ迂回します。大勢でおこなう場合はとくに慎重に行動しましょう。

同伴者のパッティング中に真後ろに立たない

ラインが気になるからといって、同伴者の真後ろや真正面からボールの転がりを見るようなことはマナー違反です。視界に入らない場所で見守りましょう。

パターにもたれかかって立たない

パターに体重をかけて杖代わりにして立つと、グリーンが凹んでしまうことがあるので注意しましょう。

グリーンのマナー 7

カップから1足分は離れてボールを拾う

1足分

カップの縁にスパイクなどがかからないように、1足分は離れてボールを拾いましょう。また、拾った後に軸足となった場所をパターで上から押さえてならすと、さらに好印象です。

グリーンのマナー 8

ボールを拾った後にカップをまたがない

ボールを拾った勢いで、そのままカップをまたいで逆サイドに行かないようにしましょう。万が一、カップにスパイクが引っかかったりすると大変です。拾ったら足を引いて後ろへ下がります。

グリーンのマナー 9

クラブを置き忘れない

パターと一緒に持って行ったクラブを置き忘れることが多いので注意しましょう。忘れやすい人はグリーンの入り口ではなく出口（ホールとカートの間）に置くクセをつけるとよいでしょう。

プレーファストのために
ローカルルールを知っておきましょう。

　ゴルフには公式ルールとは別に、コース独自のローカルルールがあります。これは主にスロープレーを防止する目的ですが、スコアにとっても助けとなるルールもあります。ここでは主なものを紹介します。

―――――――― **主なローカルルール** ――――――――

●プレーイング4
「前進4打」ともいわれる救済措置です。ティーショットをミスして OB やロストボールになったときに、暫定球（3 打目として打ち直す）を打つのではなくコース前方にある特設ティーから 4 打目として打ちます。

●プレーイング3
「前進3打」ともいわれる救済措置です。池越えのパー3のホールで適用されます。特設ティーがアプローチでグリーンを直接狙える距離になることが多いため、ビギナーにとってはお得な救済措置ともいえます。

●6インチプレース
ボールのある地面が荒れている、障害物がある、または大雨後でぬかるんでいる、などによって打つのが困難な場合は6インチ（約 15.2cm）以内の場所なら好きなところへボールを動かせるという救済措置です。

●ワンペナルティー
打ったボールが隣のホールに飛んで行ってしまった場合、公式ルールであれば隣のホールから打ちますが、1罰打（ワンペナ）としたうえで、隣のホールとの境目から2クラブレングス以内でボールをドロップして打ち直します。

●OKパット
ボールがカップに入らなくても、次の1打で確実に入るであろう距離に止まった場合に最後の1打を省略すること。OK パットとなる距離は、まちまちなので事前に確認しておきましょう。

●ギブアップ
宣言することで、既定打数の3倍のスコアでそのホールを終えることができるという救済措置です。ただし、すでにその打数以上打ってからの宣言は認められないこともあるので注意しましょう。

Part 6

ゴルファーの
カラダづくり

ここではスイングに大切な「体重移動」や「壁」が身につく3ステップドリルと、スイングの土台となるトレーニングを紹介します。どれも自宅でおこなえるものなので、ぜひ参考にしてください。

架空の瓦割りで スイング動作を身につけます

1 ヒザをかるく曲げて 両ヒジを体側につける

カラダの回転軸を
動かさないことを
意識する

背すじを伸ばして前傾姿勢をつくることで、背中やお尻の筋肉も働き姿勢が安定します。

7番アイアンのアドレスと同じように足を肩幅程度に開いてヒザをかるく曲げます。手のひらを上向きにしてグーで握り、両ヒジを体側につけます。

スイング動作を身につけるファーストステップとしては瓦割りの動きがおすすめです。突き下ろすこぶしではなく、骨盤の前後運動と体幹の回転運動に意識を向けておこないましょう。

2 右足加重で左手を突き下ろす

3 左足加重で右手を突き下ろす

背すじを伸ばしたまま左手を突き下ろします。

右手も背すじを伸ばして同様におこないます。

右足に加重しながら右骨盤を後ろに引き、そこから体幹を回して左手を突き下ろします。

左足に加重しながら左骨盤を後ろに引き、そこから体幹を回して右手を突き下ろします。

ヒザにボールを挟めば
内ももを自然に使えます

1 ヒザ間にボールを挟み
胸の前で手をクロスする

両足の
母指球に
加重する

背すじを伸ばして前傾姿勢
をつくります。

足を肩幅程度に開き、ヒザをかるく曲げボールを
挟みます。両手は胸の前でクロスさせます。

スイング動作を身につけるセカンドステップは、ヒザにやや大きめの
ゴムボールを挟んでおこないます。ボールを挟むことで自然に内もも
の筋肉が使えるので、ヒザが開かず壁をつくる感覚が養えます。

2 ボールを挟んだまま カラダを回転させる

3 頭の位置を キープしたまま 逆回転もおこなう

前傾姿勢の角度を保った
まま回転します。

お尻や内ももの筋肉に張
りを感じながら回ります。

カラダを回転させますが、骨盤は前後に動かす
意識をもつとよいでしょう。

頭から通っているカラダの回転軸を
イメージしながらおこないましょう。

メディシンボールを使えば
下半身の壁が意識できます

1 足を開いて ボールをつかむ

2 右足に壁をつくり バックスイング

ドライバーのアドレスのように肩幅の
1.5 倍ほどに足を広げ、腕を肩の真
下に下ろしてボールをつかみます。

ボールが重いので手で上げず
に、右脚に壁をつくってから体
幹を回して上げます。

最終ステップは2kg程度の重さのメディシンボールを使います。重みにカラダが引っ張られないように下半身で壁をつくる感覚が養われます。また、手で投げずに下半身から始動することで大きな力が発揮されることも体感できます。

3 ヒジを伸ばして遠心力を感じる

4 顔を下に向けたままフォロースルー

× ボールの重さにカラダが引っ張られてしまいます。

実際のスイング同様に左ヒジをしっかり伸ばして遠心力を感じながらボールを左へ投げます。

左脚で壁をつくりカラダが流れないように止めながらフォロースルーをします。

お尻と太もも裏の筋肉が スイング時のカラダを支えます

下半身トレーニング1
スタンドバックキック 強度レベル ★☆☆ 左右7回ずつ

1 両手を腰につけ 片足を上げて立つ

2 背すじを伸ばしたまま 足を後ろへ上げる

フラフラしないようにカラダの軸を安定させることを意識しましょう。

上体が前に倒れないようにしながら、お尻の筋肉を使って足を後ろへ引き上げます。

■ バリエーション
壁に手をつく
片足立ちだとフラフラしてしまう人は壁に両手をついておこないましょう。

✕

**上体が倒れると
お尻の筋肉が使えない!**

スイング時にカラダがブレないように支えているのは、お尻や太もも裏、内ももなどの下半身の筋肉です。これらの筋肉は骨盤と太ももの骨をつないでいるため、鍛えることでスイングの安定性が格段に増します。

○──── 下半身トレーニング2 ────○

ヒップリフト 強度レベル ★★☆ 5秒キープ×7回

1 両ヒザを立てて 仰向けになる

仰向けで横になったら、両ヒザを骨盤の幅で開いて立たせます。

2 お尻を上げてカラダを 一直線にする

肩からヒザまでを一直線にする意識でお尻を上げましょう。

お尻を上げすぎると
腰痛の原因になるので
注意しよう!

ワイドスクワット 強度レベル ★★★ （10回×3）

1 足を大きく開き つま先を外へ向ける

両足を肩幅の 1.5 倍ほどに開き、つま先を斜め外側へ向けます。また両手を胸の前でクロスさせます。

2 背すじを伸ばしたまま お尻を後方へ落とす

ゆっくり息を吐きながら、太ももが床と平行になる程度までお尻を後方へ落とします。

✕ ヒザが前に出すぎるとヒザを痛めやすくなります。

ヒザがつま先よりも前に出ないように！

下半身トレーニング4

ランジ 強度レベル ★★★ 左右10回×3

軸を垂直に保てず上体が傾く

×

1 手を頭の後ろで組み まっすぐ立つ

手を頭の後ろで組んだら、
カラダの軸を意識してまっ
すぐ立ちます。

2 軸を垂直に保ったまま 片方の足を踏み出す

背すじを伸ばして軸を垂直に保ったまま
足を踏み出しヒザを直角に曲げます。

3 踏み出した足の方へ カラダをひねる

カラダの軸を垂直に保ったまま、
踏み出した足の方へカラダを回
転させます。

体幹を深層部から鍛えて
カラダの軸を安定させましょう

体幹トレーニング1
フロントブリッジ 強度レベル ★☆☆ (5秒キープ×7回)

ヒジとつま先の4点でカラダを支える

肩の下にヒジをつき、ヒザはまっすぐ
伸ばします。お腹を上げて軸をまっす
ぐに保ち5秒キープします。

強度
UP

対角線の手足を
上げる!

お尻を上げすぎて
軸ができない!

172

体幹の深層部には、背骨からお腹の前まで囲むようにつく腹横筋があり、そこから浅層に向かって腹斜筋や腹直筋などがあります。これらの筋肉を鍛えて、カラダの軸をより強化なものにしましょう。

体幹トレーニング2

サイドブリッジ 強度レベル ★★☆ （5秒キープ×左右5回ずつ）

1 横向きになり 肩の下にヒジをつく

両足はまっすぐ伸ばして重ねます。骨盤を前後に傾かせないようにしましょう。

2 お尻を上げてカラダの軸を まっすぐに保つ

お尻を床から浮かせてカラダの軸をまっすぐに保ちます。骨盤の前後への傾きも抑えましょう。

強度UP 足を上げれば負荷が増す！

× お尻が下がると軸ができない！

ニートゥエルボー 強度レベル ★★★ 左右5回ずつ

1 おヘソの前で ヒジとヒザをつける

片足でカラダを安定させたら、おヘソの前でヒジとヒザをつけます。

2 くっつけた手と 足を伸ばす

おヘソの前でつけたヒジとヒザを、背中やお尻の筋肉を働かせて伸ばします。

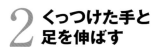

× 上体が斜めにブレる！

体幹トレーニング4

大縄回し 強度レベル ★★★ 30回

全身を大きく使って大縄跳びを回す動作をおこないます。背すじと両腕をしっかり伸ばして、ヒザの曲げ伸ばしを使いましょう。

3 真上のときは
ヒザから
全身を伸ばす

4 ヒザを曲げて
下半身を
安定させる

2 頭の位置や
カラダの軸を
保ったまま回す

1 大縄を回すように
両腕をまっすぐ
伸ばす

監修：**西尾和也**（にしおかずや）

1977年生まれ。明治大学卒業。同大学ゴルフ部主将を務める。卒業後、青木功プロのもとで修行。キャディやマネージャーとして国内外合わせて50試合以上帯同。2009年に日本プロゴルフ協会（PGA）ティーチングプロのライセンスを取得。青木功ジュニアクラブコーチに就任。2019年に青木功ジュニアスクール西尾教室オープン（東京都大田区 京浜ゴルフクラブ）。

撮影協力
ブリック＆ウッドクラブ
〒290-0558 千葉県市原市山口

STAFF

制　　作　BeU合同会社
デザイン　シモサコグラフィック
撮　　影　長尾亜紀、志賀由佳
イラスト　楢崎義信
企画編集　成美堂出版編集部（原田洋介、池田秀之）

いちばんわかりやすいゴルフ入門

監　修　西尾和也
　　　　　にしおかずや

発行者　深見公子

発行所　成美堂出版
　　　　〒162-8445　東京都新宿区新小川町1-7
　　　　電話(03)5206-8151　FAX(03)5206-8159

印　刷　広研印刷株式会社